監修者——佐藤次高／木村靖二／岸本美緒

［カバー表写真］
海南島沖を帆走するジャンク

［カバー裏写真］
長崎版画「唐船入津の図」

［扉写真］
寧波港に停泊するジャンク

世界史リブレット63

中国の海商と海賊

Matsuura Akira
松浦 章

目次

中国海洋史研究のあゆみ

世界の「海洋史」にかんする研究においては、西ヨーロッパの歴史を中心に地中海、大西洋を舞台にする問題がしばしばあつかわれてきた。しかし、ことアジアを取り巻く海洋にかんしてあつかわれた研究は多くない。中国大陸と朝鮮半島、日本列島、南西諸島、台湾、フィリピン群島、インドネシア群島、マレー半島、インドシナ大陸に包含された渤海《ぼっかい》・黄海・東シナ海・南シナ海を内海とする海洋を視野にいれた歴史研究は、これまで遅れをとっていたといえるであろう。それは川勝平太《かわかつへいた》が「海洋史観の船出」において「戦後の日本人は海をいれこんだ歴史観をもってこなかった」と指摘するように、従来の中国史研究は「陸地史観」が大勢を占めてきたことによるといえる。

中国の歴史は黄河流域より興起したとされてきた。最近では長江流域の文明の重要さが指摘されているものの、広大な海岸線を保有する沿海地域の文化活動については軽視され長らく注目されてこなかった。沿海地域の考古学調査が進展するにつれて、しだいに沿海地区に居住する中国人の海上活動の歴史がみなおされるようになってきたのである。とりわけ一九八〇年代以降、中国の対外開放政策が進展するにつれて、沿海地域の歴史の評価が変化してきた。とくに経済特別区、いわゆる経済特区の歴史研究が盛んとなり沿海地域の港市を中心とする研究が注目され、有名な対外港である天津《テンシン》、上海《シャンハイ》、寧波《ニンポー》、温州、福州、厦門《アモイ》、広州などを中心とする歴史研究書が刊行されるようになった。

港市を中心にそれを取り巻くヒンターランド(後背地)との経済活動についての研究の進展は、従来の王朝を中心とした歴史から地域史研究へと発展しつつある。こうした地域史研究と照らし合わせながら、従来の陸上を中心とした中国史を、海上から見たらどのようなことがわかるか、とくに海上活動の中心的役割を担った中国「海商」について詳しくみていきたい。

中国の海商といえば、海上貿易に従事した中国商人を意味するが、その中国

▼**桑原隲蔵**（一八七〇〜一九三一）　日本の東洋史学者。京都帝国大学文科大学教授、東西交通史、文明史、法制史などの分野に大きな足跡を残し、東洋史教育の基礎を確立する。その業績は『桑原隲蔵全集』全五巻、別冊一巻（岩波書店）にまとめられている。

海商の研究に関係するこれまでのわが国の大きな成果といえば、桑原隲蔵《くわはらじつぞう》▲の『蒲寿庚《ほじゅこう》の事蹟』をあげなければならない。桑原は一九一五年の東京史学会総会で、はじめて蒲寿庚▲にかんする報告をおこない、同年の十月から翌年の十月にかけて『史学雑誌』に五回に分けてその成果を発表した。さらにその後の成果を加え、一九二三年に『宋末の提挙市舶《ていきょしはく》西域人蒲寿庚の事蹟』として単行本で出版している。同書は表題からは中国海商に直接かんするものではないが、本書に記された内容は中国海商の多岐にわたる活動の研究が各所に記されているため、かならず参考にしなければならない日本の東洋史学研究の世界に誇る成果の一つといえるであろう。このほかにも注目すべき成果として、同氏の『東西交通史論叢』や藤田豊八▲『東西交渉史の研究　南海編』、石田幹之助《みきのすけ》▲『南海に関する支那史料』などがあり、先学によって東西交渉史の分野において中国史料を中心に研究され蓄積をかさねてきた。だが、それらの研究は沿海各国史や地域史の分野では継承されてきたが、海洋史の分野の視点においては発展してこなかった。本書ではその海洋史に焦点をあてて、史料を追っていきたいと思う。

▼蒲寿庚（生没年不明）　中国・南宋末から元初のアラビアあるいはペルシア出身のイスラーム教徒の南海貿易家。十三世紀なかごろに福建泉州の貿易官になる。

▼藤田豊八（一八六九〜一九二九）　日本の東洋学者。東京帝国大学文科大学卒業後、清国で教育関係の職につき、中国の学術界の発展に貢献し、その後早稲田大学、東京帝国大学の教授を務め、一九二八年に新設された台湾の台北帝国大学文政学部部長となるが急逝。その成果は『東西交渉史の研究』「南海編」「西域編」二冊にまとめられている。

▼石田幹之助（一八九一〜一九七四）　日本の東洋学者。東京帝国大学文科大学卒業後、長らく世界の著名な東洋学関係の図書を収蔵する東洋文庫（東京都文京区駒込）の運営に尽力。その業績は四〇〇余編あるとされるが、一般に有名な『長安の春』（講談社学術文庫）のほか『東亜文化史叢考』（東洋文庫）、『石田幹之助著作集』全四巻（六興出版）などにその成果の一端が収録されている。

①—中国海船をめぐる諸問題

中国海商の経営形態

中国海商の経済活動を明らかにする具体的事例は少ないが、そのなかでつぎの例は詳しく知られているので述べてみたい。

十六世紀後半の王在晋《おうざいしん》の『越鐫《えつせん》』巻二一にみえる海外貿易をおこなった話である。万暦年間(一五七三～一六一九年)のことであるが、福建省福清の林清という人物が、船舶所有者である船戸の王厚とともに大型海船を造船して、把舵《はだ》(航海士)に鄭松《ていしょう》と王一を、水手《すいしゅ》(下級船員)に鄭七《ていしち》、林成らを、さらに銀匠として金士山と黄承燦《こうしょうりん》を、航路に詳しい李明を案内人、倭語(日本語)に詳しい陳《ちん》華《か》を通事として雇用した。同船には紗羅《さら》▲、紬、絹、布匹《ふひき》▲、白砂糖、磁器、果物類、香木の扇子や櫛《くし》、縫い針、紙などを満載して日本に赴いた。日本での交易でえた日本産の銀を船上で銀匠が溶解して持ち帰ることにしたのである。この記述は当時の海外貿易における船舶運営の具体的様相の一端を示している。このような方法は海外貿易による利益が巨大であったからである。

▼**紗羅**(うすぎぬ)　紗羅は布地の薄い絹織物で、製造方法が複雑であったため高級な絹織物とされた。

▼**布匹**　布匹は一般には木綿地の織物であるが、当時の木綿織物は中国が世界最高の技術水準にあった。十八世紀以降において欧州に向けて輸出された木綿生地は「南京木綿」として珍重された。

海船に一国の人のみが乗っているとは限らない。一六〇四年に朝鮮半島へ漂着した朱印船の場合、中国人のほかに日本人やポルトガル人も乗船していた。当時三十五歳であった福建省漳州府海澄県の温進は前年二月に貿易のため福建からヴェトナムの交趾《こうし》に向かったが、上陸直前に倭船に襲撃され、一〇〇余名は殺され生存者はわずか二八名となった。残った温進らは倭船とともに東浦寨《かんほさい》、今のカンボジアに向かい、皮もの、蜂臘《ほうろう》、胡椒、蘇木《そぼく》▲、象牙、犀角、玳瑁《タイマイ》▲、金銀などを購入し日本に赴くことになる。同船していたポルトガル人はマカオと東浦寨のあいだで貿易に従事していたが、日本人とともに日本貿易をおこなうということで乗船していた。日本人らは長崎や薩摩に居住していた中国人などと共同で船を出しカンボジアとの交易を目的としていた。

これらの人々が乗船する船が日本への航海の途上に暴風に遭遇して朝鮮半島に漂着したのであった。この船は徳川家康から海外渡航証明書にあたる朱印状の下付を受けたいわゆる朱印船▲であったのである。乗船していた日本人の一人は家康から朱印状のほかに銀五〇〇両の貿易資本の提供を受けている。

当時の海外貿易による利益はどれほどであったろうか。例えば十七世紀なか

▼蘇木　蘇枋（そぼう）・蘇方（そほう）のこと。熱帯地方に産する常緑樹でその皮を紅色の染料に使用される。

▼玳瑁　一メートルほどの体長をもつウミガメのこと。その甲羅を煮てベッコウ細工に利用した。

▼朱印船　桃山時代から徳川時代初期にかけて海外渡航許可の朱印状を受けて東南アジア方面に貿易に赴いた船。朱印状を受けた朱印船により貿易した者には、島津、細川などの西国大名や京都、大坂、堺、長崎などの商人がいた。輸出品は銀や銅や漆器などで、輸入品には生糸、絹織物、鹿皮、蘇木、砂糖などがあった。一六〇四年から三五年までのあいだに三五〇艘ほどの朱印船が現在のヴェトナム、タイ、カンボジア、フィリピン、台湾などへ派遣された。

▼湖絲　太湖の南にある浙江省の有名な生糸生産地である湖州の生糸。宋代以後において米作・桑や養蚕業が進展し、明末清初より製糸・絹織物業が発展した。とりわけ「湖絲」はブランド名として確立する。

蘇州織造局復元図（蘇州絲綢博物館）

ごろの中国商人がフィリピンのルソン島にもたらす中国産の湖絲《こし》▲一〇〇斤は、銀で一〇〇両にもなり、外国にもたらすとそれは三〇〇両にもなるといわれた。危険をかえりみず成功すれば莫大な利益が約束されたのであった。洋の東西を問わず地域間の価格差を目的とした商業活動は、危険であればあるほど莫大な富を生み出したのであった。

このような一攫《いっかく》千金を目的とした海船経営にたいして、清代になると海船を利用した運搬業専門の船舶があらわれる。その一例として、一七八六（乾隆五十一）年正月に琉球に漂着した江南省（のちの江蘇省）蘇州府元和県に所属した蒋《しょう》隆順《りゅうじゅん》船の場合をみると、同船は乾隆四十九年閏三月に乗員二〇名で鎮江府の黄氏に雇われ生姜《しょうが》を天津まで輸送している。そして、天津で東北の牛荘港《ぎゅうそうこう》の赫《かく》氏に雇われ米穀を牛荘港から天津まで輸送した。その後、山東省の石氏に雇われ天津から黄県まで香料を輸送した。黄県では雇い主を見つけることができないまま、東北の港に向かい、そこで、霍《かく》氏に傭船され米穀をまた黄県まで輸送した。また、東北の港に向かい、山東省の利津《りしん》県まで、霍氏に傭船され米穀を輸送した。それが終わるとまた東北の港に赴き、霍氏に傭船されて米穀を天津

蔣隆順船の活動範囲

天津市天后宮(現在は民俗博物館)

まで輸送している。天津で福建商人の游華利《ゆうかり》に傭船され、寧波《ニンポー》に赴くことになり、まず山東省海豊県で棗《なつめ》を積み込み出帆するが、寧波に赴く途中で海難に遭遇して琉球国に漂着したのである。二年ほどのあいだに、七回も傭船された具体的な例で、傭船により運賃収入をえていた船であるといえる。

これらの運搬輸送業に従事した海船の運賃収入であるが、山東省登州《とうしゅう》府寧《ねい》海《かい》州の徐萬生《じょばんせい》の船の場合、二〇人乗組みで、一八六二(同治元)年七月に、牛荘の木材商人に傭船され、烟台《えんだい》市に近い山東省寧海州から牛荘まで材木一三五〇箇を輸送して、傭船代金として銀四〇〇両をえている。同船は、牛荘で江南の客商に傭船され江南へ向けて油二〇簍《ろう》(竹かご)と大豆六三〇石を輸送するが、その輸送代金は銀五三五両であった。前者は寧海州、現在の牟平《ぼうへい》県から牛荘へ、後者は牛荘からおそらく上海へと思われるが、その航海距離は四倍ほどの違いがあるが、傭船料は約一・三倍であった。積荷の量とも関係するのでいちがいにはいえないが、運賃は当然航行距離と積載量によって決められていたものと思われる。

また清代道光年間の沿海の沙船の場合、政府に徴用され指定の米穀を七〇%、

泉州湾古船発掘（泉州湾古船陳列館展示写真による）

▼丁香　丁子（丁字）のつぼみを乾燥したもの。香料や薬用に使用する。丁子はモルッカ諸島原産で、熱帯に産するフトモモ科の香木。

その他の貨物を三〇%の割合で載せて天津に行き荷卸しすれば、運送費として、政府から米穀一石につき五銭の運賃が支払われた。三〇〇〇石積みで米を二一〇〇石積み、天津まで輸送する運賃が一〇五〇両、一五〇〇石積みで米を一〇五〇石積みでは運賃が五二五両となる。その貨物の交易収入もあるので、沙船一艘の輸送による運賃収入は七、八〇〇両から千数百両とみられ、また帰帆の際にも千数百両の収入があったと考えられるから、安全航行でありさえすれば高額の収益がえられたと推定される。これにたいして船の建造費はどれくらいであったかといえば、これら沿海船の場合、三〇〇〇石を積む大型船で、銀一万両ほど必要であった。中型船では、数千両が必要であったが、一度の航海でえられる収入が多いので数度安全航行できれば、数年のうちには回収できる金額であった。このように中国海船を運行していた海商はさまざまな形態によって広範囲に活動し、また同時に大きな利益をえていたのであった。

中国海船の積荷

これら海船によって運ばれたものは、時代、地域によってさまざまであった。

泉州湾古船積荷の陶磁器（泉州湾古船陳列館）

新安船より発見された銅銭（韓国、木浦、国立海洋遺物展示館）　発見された木札に「至治三（一三二三）年」の年号が記されていた。

南海方面から中国へは胡椒や蘇木、丁香《ちょうこう》▲などの香料があり、中国から各国々へは一般的に絹織物や陶磁器がみられた。とくに陶磁器は現在も、時折発見される沈没船の船体から見つかっている。沈没船の有名なものでは、一九七四年に福建の泉州で発見された南宋末の帆船とされる遠洋航行船には、香料、薬剤、銅銭、陶磁器、銅器、木器、織物、皮革製品などさまざまな物が積まれていた。また韓国南西部にある木浦《モッポ》沖で発見された沈没船「新安船《しんあんせん》」は、元代の遠洋航行の帆船とされ、二万点をこえる青磁、白磁などの陶磁器や、二八トンにもなる八〇〇万点といわれる銅銭や紫檀の木材などが積まれていたことが判明している。

宋代までは地域間の価格差を大きく生み出す少量で高価なものが多かったようであるが、清代になるととくに沿海の海船の積荷は、単品の大量輸送が顕著にみられる。米穀や大豆、砂糖などがその例にはいるであろう。恒常的に米穀が不足する福建は、江蘇や浙江、台湾から海船を利用して移入していた。江南地域で食糧や土地の肥料として利用された大豆は、海船で東北・華北沿海部から上海方面、さらには浙江、福建へと運ばれた。

泉州湾古船陳列館

一八二四年一月の同時期に、浙江の乍浦《さほ》から日本の長崎へ赴いた中国海船と、福建の厦門《アモイ》からシンガポールへ渡航した海船の積荷は、おおいに相違する。長崎へ来航した中国の貿易船は、絹織物や砂糖、多種類の薬剤がほとんどを占めていたのにたいして、シンガポールへ来航した貿易船は、同地に居住する華僑が対象とみられる日用品が大多数を占め、その内容は多岐にわたる。三二種類の陶磁器が六六万個、タイルが一万個、紙傘が一万二〇〇〇個をはじめとして、砂糖菓子、干しキノコ、塩干魚、絹製・布製・わら製の靴、タバコ、櫛、細筆、野菜の漬物、綿布地、糸、お茶などであり、今でも百貨店へ行けば買えそうな品々が並んでいる。同じ中国の貿易船が、同時期に中国を離れ目的地が異なるとまったく内容の異なる物を積んでいたという極めて当然のことのように思われるが、その事実を解明する史料は決して多くない。

中国海船の構造

風力を頼りとし、風があるかぎり広範囲に活動できた中国帆船は、最近の考古学調査によってその構造も判明してきた。

泉州湾古船復元模型

一九七〇年代以降、考古学調査によって沈没船が発見され注目された。一九七四年末に広州で発掘調査された秦漢時代の造船所跡では、全長が二〇メートルほどで二五トンから三〇トン程度の帆船が建造されていたようである。すでに一九七四年の八月には、福建省泉州市の東南部の後渚港《こうしょ》の土砂から、先述した「泉州湾宋代海船」と呼ばれる遠洋航行の木造帆船の船体部分が発見された。この船の構造は、龍骨と呼ばれ船底部分の船首部分から船尾部分まで背骨のような機能をもつ木材が通る「キール」にあたる部分がすでに存在していた。さらに船倉部分が隔壁の板でいくつもの部屋に分けられていた。これは海難に遭遇して船体が一部破損しても一部の浸水で食い止める役割をもつと考えられる、優れた構造をもつ船舶であった。発掘品の調査の結果、同船は十四世紀後半の南宋末ころの船であり、全長約三四メートル、約四〇〇トンの船であったと推定されている。また一九七六年から八四年において、韓国南西部沖で発見された「新安船」は、調査の結果、元時代の船で、全長三四メートル、約二〇〇トン級の三本マストの遠洋航行の帆船であることが明らかとなった。

このように中国海船の沈没船の発見は、船舶にかんする文献史料の不足を十分に補う以上に、その発掘資料をはるかにこえる具体的情報を提供してくれる。

中国帆船は、現代の自動車のようにガソリンなどの燃料を必要とせず、環境に優しい乗物であった。もちろん、時間的速度を重視する時代からみれば遅れた乗物である。しかし、海上を航行する中国海船、とくに帆船の活動の歴史を、かりに今日まで西暦紀元後二〇〇〇年間とすれば、フルトンが十九世紀初めに汽船を発明したときを分岐点としても、帆船が活動していたのはそのうちの一八〇〇年間を占めている事実をどのようにみるのか、決して看過できない時間の長さがあることを忘れてはならないであろう。その意味でも中国帆船の活動の歴史は重要な意味をもっているといえる。

中国の海賊

海洋史にかんする研究のなかでももっとも遅滞しているのは、負の歴史としてみられる海賊史である。日本史の分野では長沼賢海《ながぬまけんかい》の『日本の海賊』『日本海事史研究』の研究をはじめとして、最近では網野善彦《あみのよしひこ》の『悪党と海賊』などによって多くの進展をみているが、こと中国史にかんしては明代の倭寇《わこう》問題

(三八頁参照)、清代後期の蔡牽《さいけん》(八〇頁参照)などの艇盗《ていとう》の乱にかんする問題を除いてほとんど注目されていないといえるであろう。

中国の海賊を対象とした研究は、これまでほとんど看過されてきた。正統な歴史からみた場合、それは負の歴史としてあつかわれてきたが、海賊のなかには、宋末や元代さらには明末の海賊にみられるように政府に投降して、政府側の海軍的地位を与えられ、逆に海賊を退治する側となった者もいる。このように、単純に正負の範疇《はんちゅう》のみでは理解できないであろう。

中国の海賊は、中国社会の発展が黄河流域の内陸部から漸次沿海部へ、くまなく広がるなかで広範囲にみられるようになるが、記録として多く残された地域は、華南沿海部である。これは日頃から海に慣れ親しみ、そのうえ、反社会的行為をおこなった際に官憲の追捕から逃れやすい島嶼《とうしょ》部や、複雑な地形を占める沿海部などを根拠地としていたため、華南沿海部に多発したといえるであろう。

本書ではそうした海賊の記録も紹介して、海洋史のなかにおける海賊の役割も時代を追ってみていきたいと思う。

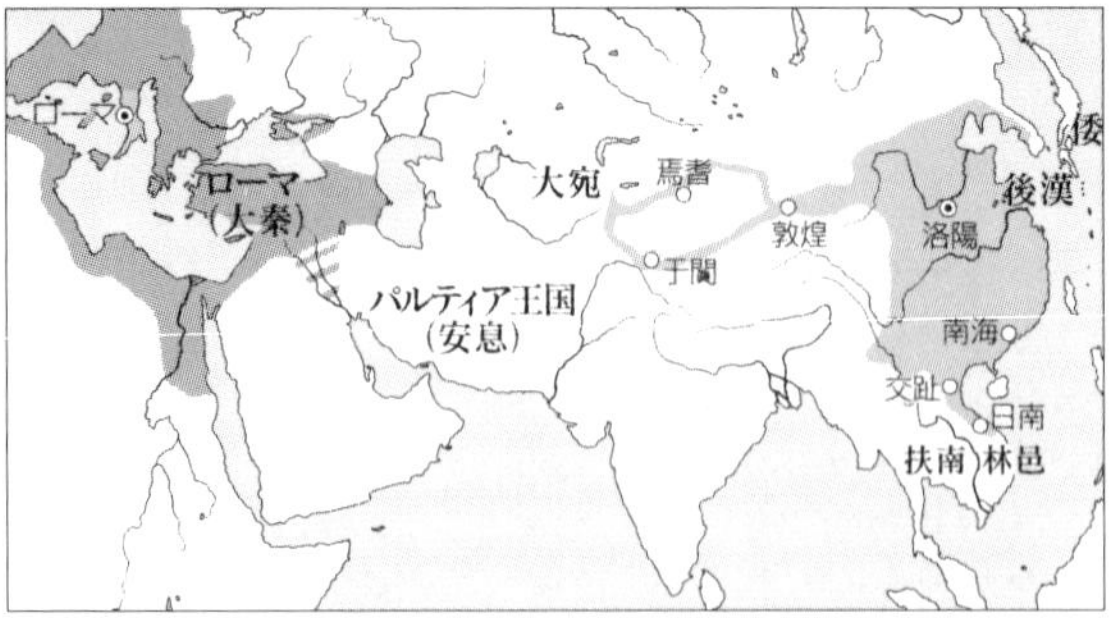

二世紀ころの世界

②—唐宋元時代の海商と海賊

海商という言葉が一般的に使われるようになったのは唐代以降のことと思われるが、それ以前にも正史の記述から海上交易にたずさわったものを読み取ることができる。

中国の海外貿易の創始

中国の西方諸国との交渉は、最初は主に陸路から進められた。西方のローマ帝国とされる大秦国への派遣を考えた一人が後漢の西域《せいいき》都護《とご》▲であった班超《はんちょう》である。班超は西暦九七年に部下の甘英《かんえい》を大秦国に使わそうとした。甘英は西域をへて條支《じょうし》国（シリアとされる）にいたり、そこで「大海」にいたった。その大海をわたろうとしたところ、安息《あんそく》国（パルティアとされる）の船乗りに、順風をえても往来に三カ月もかかると聞かされ、さらに風向きを考え最低でも二年分、最大は三年分の食糧を準備して航海することを進められ、大秦国への渡航を断念している。しかし、その後およそ七〇年をへて大秦国から海路により使者が使わされてきた。一六六年にローマ皇帝マルクス＝アウレリウス＝アントニヌスとされる大秦王安敦《あんとん》の使者がヴェトナム中部の日南方面から来航し、象牙、犀角、玳瑁《タイマイ》を献上してはじめて中国とつうずることになった。その結果、大秦国から扶南《ふなん》へ、また日南《にちなん》、交趾《こうし》などの国々の人々が大秦国へ赴いたようである。

三国呉の孫権の二二六年には大秦国の商人の秦論《しんろん》が交趾に来航し、交趾太守の呉邈《ごばく》の斡旋で孫権と会っている。孫権が秦論に大秦国の風土や習俗などについて聞きただしたところ、秦論は具体的に報告した。その後、交趾太守の呉邈が秦論を本国に送り届けようとしたが、呉邈が途中で没したので秦論は自ら帰国したと『梁書』巻五四、中天竺国《ちゅうてんじくこく》の条に記されている。

このように、後漢ころから海路による海外諸国との交渉が積極的になり、外国の海商も中国に来航するようになったようである。その後、さらに海外との関係が活発化するなかで中国海商にかんする記録が正史にもしばしばみられるようになる。

市舶官の誕生

唐代において海外貿易にかんする業務を担当する役人として設けられたのは

▼西域都護　前漢の前五九年に西域諸国を押さえるために都護を任命し、屯田の経営や交通貿易の保護などをおこなった。前漢末、王莽の新の時期に都護が殺されたあと、任命されず、後七四年に復活されたがまもなく廃止され、九一年に班超が任命された。その後一〇七年に廃止された。

唐代の外国使節（唐、李賢墓壁画）
右は高麗使節、左は東ローマ帝国の使節と想定されている。

市舶使▲といわれている。市舶使の名が最初に見られるのは玄宗のときであり、七一四年に安南市舶使に任ぜられた右威《ゆうい》・中郎将《ちゅうろうしょう》の周慶立《しゅうけいりつ》は、波斯（ペルシア）の僧侶が芸術品をたくみにつくることができることを宮廷に進上している。その後みられる記録は七六三年で、宦官で市舶使であった呂太一《りょたいいつ》が広南節度使の張休を放逐して広州で反乱を起こしている。王仙芝《おうせんし》の反乱▲に呼応した山東出身の黄巣《こうそう》の反乱勢力が八七九年に海外貿易の中心地であった広州に迫ってきた際、市舶の利益と、毎年もたらされる南海の真珠などの宝石が反乱分子に奪われて国庫も破綻すると、非常に危惧されたことが『旧唐書《くとうじょ》』に記されている。また開元年間（七一三〜七四一年）から長慶年間（八二一〜八二四年）のことを記した『唐国史補《とうこくしほ》』に、八世紀から主に広州において積極的に海外貿易がおこなわれるようになったことが記され、そのために貿易業務と担当する官吏として市舶使が設けられたのであった。

『新唐書』には、過去の法令として海商が没した場合、彼の財産の処分は政府がおこない、三カ月以内に海商の妻子が官憲《かんけん》に届けなければすべて官憲が没収したとある。このことからも明らかなように、海商の活動は完全に自由とい

▼市舶使（司）　中国の海上貿易事務をつかさどる官吏として唐の開元二（七一四）年に市舶使を広州に設けたのが最初で、唐代は市舶使の役職名のみが知られるが、宋代には役所名としての市舶司の設置がみられる。宋代の市舶司は入港貿易船の積荷の検査、輸入税の徴収など貿易業務全般に関する事務をあつかった。元代もほぼ宋代の市舶司制を継承した。しかし、明代は海禁政策を実施した関係で、市舶司は主として外国からの朝貢船の事務を取り扱う役所となった。清代には、前代の市舶司はなく、同様な貿易船の出入りにかんする事務を取り扱ったのは海関である。

▼王仙芝の反乱　唐末の塩の密売商人であった王仙芝（?〜八七八）が八七五年ころから八七八年ころに、黄河中下流域から長江中流域の地域にかけて没落農民など三〇〇〇の衆をもって反乱を起こした。

●広州の鎮海楼

●唐代の東アジア

うわけではなく、なんらかのかたちで政府の制約があったことがわかる。

唐代に海外に進出した中国海商の事例は、日本側の記録にもしばしばみられる。日本が八九四年に遣唐使の派遣を中止したころから、中国大陸から多くの海商が日本に来航しはじめた。これらの中国海商の船舶に便乗して中国に渡航した例を、日本人僧侶の記録から探すことは困難ではない。

ライシャワー▲の『世界史上の円仁《えんにん》』で有名になった円仁▲の『入唐求法巡礼《にゅうとうぐほうじゅんれい》行記《こうき》』にも中国海商の名前がみえる。八一九年に唐人張覚済《ちょうかくさい》が交易の諸物を積載して出帆したが、悪風に遭遇して漂流すること三カ月にて出羽国《でわこく》に漂着したことが、同書、巻一、承和六(八三九)年正月八日の記事にみえる。同書、巻四、会昌五(承和十二、八四五)年七月五日の条には、会昌二(八四二)年に日本人僧侶の恵萼《えがく》が五臺山《ごだいさん》に参詣し、その帰国に際して中国海商と思われる李驎徳《りりんとく》の船で帰国したことが記されている。

このような事例からみても八世紀の前半ころから中国海商の海外活動が活発化してきたことがわかる。

これら中国海商には、自然の驚異による海難のみならず、人為的な災難も多

▼ライシャワー(一九一〇～九〇) 来日していたキリスト教プレスビテリアン(長老派)の宣教師夫妻の子として東京で生まれ、高校卒業後渡米しハーヴァード大学大学院で学位を取得、その後ハーヴァード大学教授となり、アメリカの駐日大使となる。

▼円仁(七九四～八六四) 平安前期の天台宗の僧侶。八三八年に唐代中国へわたり、浙江省の天台山などをはじめ中国在留一〇年におよんだ。その間の日記が『入唐求法巡礼行記』である。帰国後は、天台座主となり、死後「慈覚大師」の称号が贈られた。

く振りかかってきた。それが海賊である。日本へ渡航を試みて六度目に成功し、のちに奈良の西の京に唐招提寺《とうしょうだいじ》を開いた鑑真《がんじん》▲も自然災害による海難以外に、海賊の恐怖に悩まされている。『唐大和上東征伝《とうだいわじょうとうせいでん》』の天宝二載(七四三年)の最初の日本渡航の記事にも、海賊の活動が活発で浙江省の台州や温州や明州(明代以降の寧波《ニンポー》)の海辺がその被害を受けているため、日本への航路が塞がれていると記している。『資治通鑑《しじつがん》』によれば、七四四年、玄宗の天宝三載二月に海賊呉令光《ごれいこう》らが台州や明州を襲撃していたことが記されているから、当時、鑑真らの日本への航海を阻害した海賊とはこの呉令光であったろう。鑑真が海南《かいなん》島《とう》に漂着した際に救済してくれた当地の有力者馮若芳《ふうじゃくほう》もじつは、海南島沿海を航行して中国に来航するペルシア船を襲撃して蓄財していた海賊であった。

　唐王朝の都長安はシルクロードの起点であるといわれるが、それは陸路交通路を中心とした視点であることは明らかである。しかし視点を転じて、海洋による中国と諸外国との交渉を考えれば、唐王朝の国際化にともない海路により唐に来航する国々もふえてきたことは明らかである。そして、その海路による国際交通の起点であったのが広州であり、東南アジアからだけでなく遠くアラ

▼鑑真(六八九〜七六三)　中国の現在の江蘇省揚州に生まれ、十四歳で仏門にはいり、のち長安で修行し業を終え、揚州で教化につとめていたが、日本からの僧侶の懇請により渡日を決め五回におよぶ渡航失敗のすえ七五三年に来日した。その後、唐招提寺を建立し日本における律宗の開祖とされる。

九世紀中ごろまでに日本へ来航したことがわかる中国海商

847(承和14)年	張支信
849(嘉祥2)年	唐商53人
852(仁寿2)年	欽良暉
858(天安2)年	李延孝
862(貞観4)年	李延孝
863(貞観5)年	張支信43人
865(貞観7)年	李延孝63人
866(貞観8)年	張言41人
877(元慶元)年	崔鐸63人

ビア方面からも商人が来航していた。アラビア語で九世紀後半に書かれた『シナ・インド物語』によれば、広州はアラブや中国人によってもたらされる商品が集まるところであったことが記されていることからも明らかである。

海外貿易の拡大

宋は建国まもない九七一年に、海外からの船舶や出入する国内の商船を管轄する市舶司を広州に設け、その後には杭州や明州にも設けた。この結果、大食(アラビア)や占城(チャンパ)、三仏斉(シュリーヴィジャヤ)などの海外諸国から香薬、象牙、犀角、蘇木《そぼく》などの海外産品を積載し、中国産の絹織物や磁器などを求め大食商人らが貿易のために来航するようになった。これにたいして、九八九年には、中国から海外へ貿易のために出港する海商には両浙《りょうせつ》市舶司において官が発行する券が必要とされた。官券を所持しない海商は罰せられ積載していた貨物は官によって没収された。この海商が海外諸国に赴く際に所持していなければならない官券は、積載貨物名、航海の目的地、保証人の名前のほかに、兵器や兵器を製造する物品や密輸出品を積載していないことが明記されたうえでないと発給されなかったのである。

宋代の海商の具体例は、宋代に中国にわたり浙江省の天台山や山西省の五臺山にも赴いた成尋《じょうじん》▲の『参天台五臺山記』にみられる。同書巻一によれば延久四(北宋・熙寧五、一〇七二)年三月に肥前松浦から三艘の唐人船のうちの一艘に搭乗し宋にわたった。この三艘の唐人船は一ノ船頭は曾聚《そうしゅう》で字が曾三郎《そうさんろう》、南雄州人、二ノ船頭は呉鋳《ごちゅう》で字呉十郎、福州人、三ノ船頭は鄭慶《ていけい》で字鄭三郎、泉州人であった。船頭の本籍は現在の広東省の南雄や福建省の福州、泉州であり、広東や福建の海商であったと思われる。このように日本に来航した中国海商は決して少なくなかったのである。

『朝野群載《ちょうやぐんさい》』▲長治二(北宋・崇寧四、一一〇五)年八月二十日の記事によれば九州の博多の志賀島に宋の商船が来航している。この船の船主に当たる綱首は福建の泉州の人李充《りじゅう》であった。彼は、明州(寧波)にあった提挙《ていきょ》両浙市舶司の発行する「公憑《こうひょう》」すなわち通行証を所持していた。その通行証には、「この船は李充の所有船舶で乗組員の水手を募集して日本へ行って交易を希望しており、すでに明州の市舶務において納税し出港許可書をえたものであるとする」とある。

▼**成尋**(一〇一一〜八一)　平安後期の天台宗の僧侶。七歳で仏門にはいり、一〇七二年六十二歳で宋にわたり、浙江省の天台山や山西省の五臺山を歴遊し、宋の都汴京(現在の河南省開封)において政府からも民間からも尊信を受けた。宋への渡航、滞在にかんする日記である『参天台五臺山記』は日本への帰国者に託され持ち帰られたものである。成尋自身は帰国することなく中国で病没した。

▼**『朝野群載』**　算博士の三善為康が編纂し、一一一六年の自序があるが、そのあとにも増補されている。平安時代の官文書がおさめられた重要な史料。

そして李充以下六九名の名簿があり、貨物には象眼四〇疋、生絹一〇疋、白綾二〇疋などの積荷などが知られる。

宋代における海商の活動を具体的に明らかにできる史料は日本の記録だけではない。朝鮮半島において興起した高麗の記録である『高麗史』にも多くの宋の商人の名が見られる。『高麗史』のなかには「宋商」「宋都綱《とこう》▲」として宋人の名が頻繁に記録されている。いずれも地理的関係から海船で高麗に来航していたと考えられ宋代の海商であったことは確実である。

『高麗史』にみられる宋の海商についての記載を調べると、出身地を銘記していないが宋商とのみ記された例は極めて多い。そのうち、出身地の明らかなものに限定して次頁の表にまとめた。出身地のわかる数少ない例からではあるが、同表からも明らかなように福建の泉州や、浙江の明州(寧波)や台州などのように、現在の浙江省や福建省出身の海商が大多数を占めていたことがわかる。さらに複数年、複数回にわたり定期的に宋と高麗を往来していた中国海商がいたことが知られる。これら多くの宋代海商が何度にもわたって高麗へ来航し、貿易品をもたらしまた高麗産の物産を中国へ持ち帰ったのである。宋から高麗

▼都綱　とくに注目する記事として「都綱」「綱首」という肩書きで記録されている。宋代商業史を研究する斯波義信は都綱にかんして『高麗史』には宋より来航した商船の代表者として「都綱某」の名が頻出している」として都綱は船舶の代表者と解釈し「綱首」は「組頭」、仲間の統率者の義であろう」としている。佐伯富は『雅俗漢語訳解』において「綱主　にぬし。荷物の事を綱と云う。縄からげにしたる荷物と云うこと也」と解している。

傑等及第　丙午白氣貫日　丁巳以李端
爲司憲中丞　夏四月遣門下平章事崔沆
中樞副使尹徵古于泗州奉遷安宗梓宮王
高麗史卷四　十三
備法駕迎于東郊　五月戊申以李龔知中
樞事　壬子中樞使戸部尚書金殷傅卒
乙丑加上考妣尊謚　六月蝗　秋七月戊
戌契丹光正等七戸來投　庚子兵部奏正
輔寺龍奉正朝佳述光等三十人皆有邊功
請加鄕職一級從之　辛丑宋泉州人林仁
福等四十人來獻方物　己酉女眞靺鞨木
史率部落來朝賜爵及衣物　契丹買疑多

『高麗史』巻四、顕宗八(一〇一七)年七月辛丑の記事　左から三行目から二行目にかけて「(七月)辛丑(五日)に宋の泉州人の林仁福ら四〇人がきたりて方物を献じた」とある。

●『高麗史』にみる宋代海商表（宋の地名が明らかなもののみに限定した）

西暦	高麗国王年	月日	宋	地名	商/都綱	人名	人数	備考
1017	顕宗 8 年	7.05	宋	泉州		林仁福	40	来献方物
1018	顕宗 9 年	閏4.11	宋	江南		王肅子	100	来献土物
1019	顕宗10年	7.14	宋	泉州		陳文軌	100	来献土物
1019	顕宗10年	7.17	宋	福州		虞　？	100余	来献香薬
1020	顕宗11年	2.27	宋	泉州		懐　贄		来献方物
1022	顕宗13年	8.17	宋	福州		陳象中		来献土物
1022	顕宗13年	8.24	宋	広南		陳文遂		来献香薬
1026	顕宗17年	8.09	宋	広南		李文通	3	来献方物
1027	顕宗18年	8.20	宋	江南		李文通		来献書冊, 凡597巻
1028	顕宗19年	9.05	宋	泉州		李善頁	30余	来献方物
1029	顕宗20年	8.13	宋	広南		荘文宝	80	来献土物
1030	顕宗21年	7.18	宋	泉州		盧　遵		来献方物
1031	徳宗即位年	6.19	宋	台州	商客	陳惟志	64	
1033	徳宗 2 年	8.01	宋	泉州	商都綱	林　藹	55	来献土物
1038	靖宗 4 年	8.24	宋	明州	商	陳　亮	147	来献土物
				台州		陳維績		
1045	靖宗11年	5.11	宋	泉州	商	林　禧		来献土物
1049	文宗 3 年	8.09	宋	台州	商	徐　賛	71	来献方物
1049	文宗 3 年	8.21	宋	泉州	商	王易従	62	来献珍宝
1059	文宗13年	8.06	宋	泉州	商	黄文景		
1059	文宗13年	8.06	宋	泉州	商	蕭宗明		

●宋代の東アジア

へもたらされた貿易品のなかには、中国の『太平御覧《たいへいぎょらん》』▲などの出版物のような新しい学術文化も含まれていたのである。

南宋の海商・海賊・市舶

金軍の南下によって一一二六年に北宋が滅びると、江南に逃れた皇族は杭州を仮の都臨安として南宋を再興する。南宋時代は長江以南の地域がその支配地であったことや都が浙江省の沿海部の杭州にあったことから中国南部の地域に開発が進展し、浙江省以南の沿海部である福建省や広東省における海商の海上活動が盛んになる。

南宋政府は建炎四(一一三〇)年七月に福建、広東、淮《わい》、浙の海商が山東へ交易に行って、金軍の道案内をすることを禁じている。さらに江、浙、福建の地の勢力のある家に民兵を募集し防備をかためるように命じていることからもわかるように、淮水をはさみ金と南宋が対峙した時期にあっても沿海海商が活発に海上交易をおこなっていたのである。

『夷堅志《いけんし》』▲丁志《ていし》巻六の「泉州楊客《ようきゃく》」につぎのような逸話がのっている。泉州

▼『**太平御覧**』　全一〇〇〇巻、五五部門。九八二、九八三年ころに完成した宋朝の奉勅撰の類書、いわゆる百科全書的書籍である。木版で刊行されるのは仁宗(一〇二二～六二)時代とされる。それ以降東アジアの国々で渇望された。本書の特徴は一七〇〇種に近い引用書があり、今日すでに伝わらない書籍が引用されている点である。

▼『**夷堅志**』　全一八〇巻、補二五巻、再補一巻。南宋の洪邁(一一二三～一二〇二)によって一一九八年ころに成立。洪邁が地方官としての赴任中などに民衆のめずらしいさまざまな話を集め編纂したもので、官撰の記録に見えない重要な史料である。

福建省莆田の碑刻資料(祥応廟碑)

の楊客は海商であること一〇余年で資産は二〇〇〇万両にも達した。彼は海上で海難に遭遇するごとにかならず神に救済を願って廟などを各地に建てることを誓ったが、陸地が見えるとその誓いを忘れてかえりみることもなかった。紹興十(一一四〇)年に海上で停泊していたときに、夢に神があらわれ、これまでの彼の不誠実をなじった。夢のなかで楊客は神に「今まさに臨安に行こうとしています」といって、その後、神にたいする約束を履行した話が記されている。この話から福建と浙江を中心とする海上貿易で大きな利益を生み出していた海商の存在をうかがい知ることができる。

紹興八(一一三八)年の福建莆田《ほでん》の碑文資料には、泉州の綱首朱紡《しゅぼう》が船で三仏斉(シュリーヴィジャヤ)国に行くために航海の安全を祈って祥応廟《しょうおうびょう》に香火を奉納したことが記されている。これも貿易のために現在のインドネシアへ進出していた確かな証拠といえるであろう。

また、この紹興年間(一一三一～六二年)の約三〇年間は海商だけでなく多くの海賊が興起していたことも知られる。『宋史』によれば、紹興五(一一三五)年正月に、海賊朱聡《しゅそう》が広州を、さらに泉州をも犯した。閏二月には海賊陳感《ちんかん》が

泉州九日山摩崖石刻　右は南宋の淳熙戊申十五（一一八八）年四月に航海の安全を祈願して刻せられた。左は北宋の元裕己巳四（一〇八九）年八月晦日に九日山山麓にあった延福寺参詣の記念に刻せられたもの。

雷州《らいしゅう》を犯している。三月に南宋朝は海賊朱聡の捕獲を命じている。八月には海賊朱聡が官憲に降伏し、水軍統領に補せられた。

南宋の建国に功績のあった武将韓世忠《かんせいちゅう》の長子、韓彦直《げんちょく》は一一七四年ころに浙江地方の地方官であったが、彼が地方官であったあいだは、略奪行為をしていた海賊の頭目を生け捕りにしたため、海洋が平穏になったという。その後も南宋朝にはしばしば海賊の出没平定にかんする記録がみられる。これは、南宋朝が沿海部の杭州に都し、海外貿易を積極的に奨励したこととも関係あろう。

南宋末、元初の時期において福建の泉州において活躍した人物に、冒頭にあげた蒲寿庚《ほじゅこう》がいる。蒲寿庚の祖先はアラビア方面から中国の広州に渡来し、蒲寿庚の父の代に広州から泉州に移り住んだようである。蒲寿庚は南宋末の南海の海賊を兄とともに撃退した功績で南宋朝に登用され、泉州の提挙市舶に任じられた。提挙市舶の官は外国船舶の出入を取り扱い、ひいては外国商人たちと交渉にあたったからさまざまな献上品をもらうなどの役得があり、また自らの海外貿易などにより蓄財したと思われる。まもなく南宋朝が滅亡するとそれにかわる元朝に帰順した。元朝も蒲寿庚を福建の地方官として優遇したため、蒲

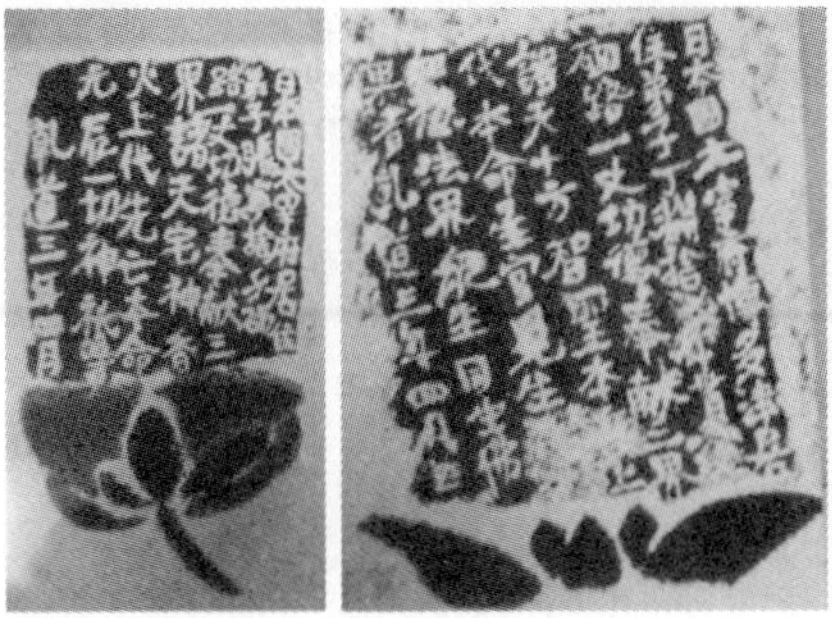

寧波出土の南宋時代の石刻拓本（天一閣）
右「日本國大宰府博多津居住弟子丁淵捨子……乾道三（一一六七）年四月日」
左「日本國大宰府居住弟子張寧捨子砌路……乾道三年四月」

寿庚も南海諸国を招致して貿易の拡大をはかっている。蒲寿庚は南宋末から元朝初期にかけて約三〇年間にわたり外国貿易船や外国貿易を管轄する市舶の官として活躍していたのであった。

草原の民族と海洋

元朝は世祖フビライが江南の南宋を平定する一二七九年以前の七七年に、泉州に今日の税関にあたる市舶司を設けている。その後、慶元（寧波）、上海、澉《かん》浦《ほ》（浙江省の東部沿海）に同じく市舶司を設け、さらに温州（浙江）、広東（広州）、杭州にもおいている。このように市舶司を設置したのは海外諸国との貿易を進展させるためであり、反面税額の増収も企図したものでもあった。市舶司では出帆、帰帆の船舶にかならずその目的地や積荷を明確に記した公文を発給したが、これらはほぼ宋代の制度にもとづくものであった。元朝の法典である『元《げん》典章《てんしょう》』には、海商が外国や海南から中国へ帰帆した際はかならず市舶司において納税し、もし申告しないで隠匿の貨物があれば官府が没収し、さらに厳しく罰せられる規定がみられる。

元朝が最初に市舶司をおいた福建省の泉州は当時重要な海外貿易港であった。そのことはマルコ・ポーロ▲の『東方見聞録』の記述からも知られる。

キリスト教諸国に売りさばこうとしてアレクサンドリアその他の港に胡椒を積んだ一隻の船が入港するとすれば、ここザイトゥン港にはまさにその百倍にあたる百隻の船が入港する。その貿易額からいって、ザイトゥン市は確実に世界最大を誇る二大海港の一つであると断言してはばからない。

（愛宕松男訳注『東方見聞録2』平凡社、一一四頁）

とあるようにザイトゥンと呼称された泉州は、エジプトのアレクサンドリアとともに十三世紀の世界最大の港であった。そこにはインドの商船など西側世界の商船だけでなく当然中国の海船も多く出入していたのである。

元朝の創始者モンゴル民族は草原の民であるが、しかし海上への進出は漢民族の歴代王朝よりも積極的であった。ジャワや日本への海外遠征をおこなったのみならず、江南の地から首都大都（北京）までの税糧を大運河によって輸送する漕運ではなく、海上輸送する海運を利用している。朱清《しゅせい》、張瑄《ちょうせん》は宋末の無頼の徒であり、海船を使って長江河口の崇明島《すうめいとう》を拠点に海上を横行する海賊で

▼マルコ・ポーロ（一二五四〜一三二四）　イタリア、ヴェネツィアの商人。父と叔父に従って中央アジアをへて元朝の中国へ渡来し、元朝の皇帝フビライに寵愛され元朝におよそ一五年仕えた。一二九〇年に福建の泉州から海路により九五年に帰国している。マルコ・ポーロの大旅行の口述を記録した見聞録とされるのが『世界の記述（東方見聞録）』である。日本を「ジパング」として紹介したものとしても有名になった。

宋元時代に栄えた泉州の港、後渚沖

●泉州の開元寺　泉州市鯉城区西街。創建は唐代で六八六年とされ、開元二十六（七三八）年に年号の名に改められた。東塔、西塔の各層の壁面に刻まれた石刻レリーフも有名。境内に泉州湾古船陳列館（一一〇頁写真）がある。

●九日山、祈風石刻　泉州市に隣接する南安市豊州鎮。泉州湾を臨むことから、九日山から東南風と貨物満載の帰帆を祈って彫られた、宋から清にいたる石刻が多数残されている。

●蕃客墓碑（福建省博物館）　宋元時代の泉州が海外貿易で繁栄していたことを物語る証拠に、アラビア文字やヒンディー語のナーガリー文字などで刻まれた墓石が多数現存している。

あった。朱清は雇い主の楊氏を殺害し、その妻子や家財を奪って黄海、東シナ海を転々としていたが、元朝がそれを招聘して海運の職務を担当させている。海運の中心人物として朱清、張瑄が登用された大きな理由は、彼らが海賊とはいえ長江河口から東シナ海、黄海、渤海《ぼっかい》方面の海域にもっとも詳しかったためである。

元代の海賊のなかには舟六〇余艘をもって元朝に投降してその配下にはいった海賊賀文達のような者もいた。おそらくこの船団は一二八一年の日本でいう弘安の役、二度目の元寇の際の元海軍の一部に加わったものと思われる。

元代の南海貿易

元時代には東南アジアへ進出する者が多かったことは、周達観《しゅうたつかん》の『真臘風土記《しんろうふどき》』▲にもみられる。それによると、中国人のなかには真臘（カンボジア）に行くと、衣服も簡単で米も求めやすく婦人も多く、家屋も建築しやすいうえに日用品も充足していて交易が容易であるため行く者が多いことが記されている。

汪大淵《おうたいえん》の『島夷誌略《とういしりゃく》』▲は元代の重要な南海諸国の地理書であるが、その各地

▼**『真臘風土記』** 元の周達観が一二九六年に元朝の使節に随行してカンボジアにわたり翌年帰国している。その際のカンボジア滞在中の見聞録である。一二九七年に成立。

の記述のほとんどに、産物と、それにたいする中国産と思われる交易品が記されている。当時各地で好まれた青華磁器や白磁が元代にさかんに生産された景徳鎮産の磁器を指していることは想像に難くない。

さらに元代の南海にかんする重要な史料として注目されているのが、残本として北京図書館に所蔵され、また『永楽大典《えいらくたいてん》』▲にも一部が引用されている元の『大徳南海志《だいとくなんかいし》』である。本来は陳大震《ちんたいしん》が一三〇四年に作成したとされるが、今日知られるのは巻六より巻一〇である。この書は現代の広東省の地方志に該当するが、その残本のなかに南海諸国との交易にかんする記事がある。「舶貨《はくか》」「諸蕃国付《しょばんこくふ》」として「貨は獅子《しし》国（スリランカ）へつうずる」と冒頭で記され、広州は外国船の集まるところで宝物が群がり集まる地であるとされ、諸外国からもたらされる宝物には象牙、犀角、鶴頂《かくちょう》▲、真珠、珊瑚や玳瑁などが列記され、諸蕃国としての海外諸国名は交趾、占城（チャンパ）、真臘、暹国（シャム）、単馬令国（マレー半島のタンブラリンガ）、三仏斉（シュリーヴィジャヤ）、闍婆（ジャワ）国などをあげている。広州に来航していた、広州から海船が赴いた地として理解できよう。これらの地は今日のインドシナ諸国やインドネシアなど

▼**『島夷誌略』**　中国江西出身の汪大淵が数年間にわたり南海諸国を遊歴した際の見聞によって書かれ、一三五一年に完成。その記事の重要性は汪大淵自身が南海諸国を遊歴して実際の見聞によって書かれたとされる点である。元の時代における中国人の南海諸国にかんする知識を知るうえで貴重である。一〇〇カ所とも二〇〇カ所ともされる地域について記しているが、石田幹之助は、『島夷誌略』には明代以降呼称される東洋、西洋という言葉がすでに記されていることを指摘している。

▼**『永楽大典』**　永楽帝の命によって編纂された。それまでのあらゆる分野の典籍から「洪武正韻」により、韻の順に配列している。原本がすでになくなったものも収録されていたが、アロー戦争などで大部分が焼失した。

▼**鶴頂**　クジャクのような大きさの水鳥かツルのような鳥の頭蓋骨を加工して装飾品などとされたものと考えられる。

東南アジア諸国であり、元の時代もさかんに南海貿易がおこなわれていたことがわかる。

十三世紀前半以降、東部ジャワを支配していたのはシンガサーリ朝で、元朝はこの国を朝貢国にしようとしたが拒否されたため、フビライがジャワに遠征軍を派遣した。『元史』巻一七の世祖本紀や巻二一〇の爪哇伝《じゃわでん》によれば、一二九二(至元二十九)年二月に、元朝は海船大小五〇〇艘、軍士二万人の派遣を決定し、これらの船は福建の泉州に集められ、十二月に泉州の後渚《こうしょ》から出帆した。後渚はさきに述べた沈船の発見された港である。至元三十年正月に、元軍はカリマンタン西南端付近に到着し、ついでジャワに進軍した。しかし、シンガサーリ朝はヴィジャヤの計略で元軍を撃退した。ヴィジャヤはクルタラージャサ・ジャヤヴァルダナとして、その後ジャワ島を中心に栄えたマジャパヒト王国の始祖となった。この元朝のジャワ進軍の際に、海船の援助や水先案内をしたのはおそらく南海貿易に実績のあった福建の海商であったことは想像に難くない。

③—明代の海商と海賊

明代の海上貿易

明朝は海禁政策▲を実施して民間人の海上貿易を禁止したが、外国の朝貢船の入港は許可した。民間の海外貿易が盛んになるのは明代後半以降のことである。海禁と言う語彙が常用されるのは十六世紀の嘉靖《かせい》年間（一五二二～六六年）以降である。「洪武帝朱元璋《こうぶていしゅげんしょう》▲が、板切れ一枚といえども海洋に出ることは許可しない」と常套句のようにいわれる海禁令も一挙に定まったのではない。

一三七一年に洪武帝は、福建の興化衛の指揮の職にあった李興《りこう》と李春《りしゅん》が密かに人を使わして海外と交易していることを知り、沿海の各軍衛に海外との交易を禁じるように大都督府▲に命令している。そして一三八一年には沿海の民衆が密かに海外諸国と交通することを禁じた。さらに一三九四年に、洪武帝は海外諸国は偽りごとが多いため、その往来を絶つが、ただ琉球と真臘（カンボジア）、暹羅（シャム）のみは朝貢を許した。そしてまた、沿海の民がつねづね密かに諸外国へ航行し香料などの貿易をおこなうだけでなく、外国人を誘い込み不義を

▼海禁政策　中国において海上への船舶の航行や活動に制約や禁止を加える政策であるが、多くの場合、政治的目的のために治安維持、密貿易の禁止、外国との紛争回避のためなどにおこなわれた。その政策の代表的なものに明朝のほぼ一代におこなわれた海禁政策や、清朝の台湾の鄭氏に対抗するために発布された遷界令などがある。

▼朱元璋（一三二八～九八）　明朝初代皇帝洪武帝。南京に都して二五〇年におよぶ明朝の礎を築いた。

▼大都督府　明代におかれた軍事上の最高機関で統兵の権をもった。

鄭和の宝船（泉州海交史博物館）

▼**鄭和**（一三七一〜一四三四頃）
雲南出身のイスラム教徒で、明軍が雲南を支配した一三八二年ころに燕王後の永楽帝の宦官となったといわれる。永楽帝即位後の一四〇五年以降七回にわたって南海遠征をおこなった。


なすことを厳禁した。

このような経過をへて一三九七年に編纂された『大明律《だいみんりつ》』には、密かに外国へ出かけることや違法に海外に行くことを禁止する法令を定め、とくに帆柱が二本以上の違法な大型船の建造や、輸出禁止の貨物を積載して外国に行って交易すること、海賊と結託することなどが厳しく禁じられている。

中国民衆の海外への渡航を禁止する一方、外国からくる使節のために、一三八三年にはとくに海外から中国へ来貢してくる暹羅、占城（チャンパ）、真臘の三カ国のみに勘合文冊を与え、使節の真偽を確かめる方法をとった。これらの国は、中華の皇帝をしたって朝貢のために来航してくる国と位置づけられた。そしていずれも暹羅国王、占城国王、真臘国王として洪武帝から封建され、その各国王の正式な使節としての扱いを受け、その朝貢品にたいする返礼としての下賜品が、各国にとって中国産品を受容できる唯一の機会でもあった。

しかし、洪武帝の限定した海外諸国との関係は、その後の永楽帝によって大きく変化することになる。永楽帝は宦官の鄭和《ていわ》▲を海外諸国に派遣し、さらに多くの国々の来貢を歓迎した。日本もそのような海外諸国の一つに加えられ、一

鄭和像（劉河、天后宮、鄭和記念館）

鄭和行香碑（泉州）　永楽十五（一四一七）年のもの。

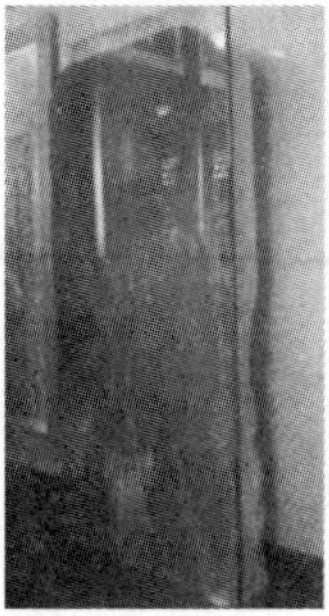

長楽「天妃霊王之記」（福州市長楽県）　高さ一六二センチ、幅七八センチ、刻字一一七七字、宣徳六（一四三一）年に鄭和が建立したもの。

四〇四年に永楽帝より足利義満が日本国王源道義として封建され、朝貢船を派遣して明朝との朝貢貿易が開始されることになるのである。

　朝貢船は、各国が自由に派遣することはできず、明朝が定めた貢期という朝貢の時期があった。一年一貢、二年一貢、一〇年一貢などさまざまな時期が各国に指定された。一年一貢は高麗・朝鮮国のように毎年一回の朝貢が可能であった。琉球国は二年おきに一回の朝貢である二年一貢の国であった。日本は一〇年一貢の国であり、一〇年おきに一回の朝貢しか認められなかった。さらに貢路として朝貢の際の中国入国地が指定されていた。東南アジア諸国は広州であり、琉球国は、最初は福建の泉州であったが、のちに福州に改められ、清朝時代まで同様であった。日本は浙江省の寧波《ニンポー》であった。陸路で朝貢する国々も中国入国地は定められていた。北京に遷都して以降の朝鮮国の場合は鴨緑《おうりょく》江《こう》河口付近から中国に入国し、現在の遼寧《りょうねい》省の遼陽をへて渤海《ぼっかい》沿海にそって山《さん》海関《かいかん》をへて北京にいたる道筋が定められていた。これら海外諸国から中国への入国を最初に担当したのが明代の市舶司であり、事前に中国から与えられた、各国が持参する勘合符の真偽を判定したのである。

慶安会館　寧波の慶安会館は甬東天后宮や北号会館ともいわれ、道光三十(一八五〇)年に、「北洋船商」と呼ばれた、寧波より北の沿海地域に航行する船商人によって創建された。慶安は「慶兮安瀾」に由来する。

▼大内義興(一四七七～一五二八)室町後期の一四九四年に家督を継いで周防・長門・豊前・筑前・安芸・石見の守護となった。

朝貢品として明皇帝に献上される物は貢物とされ、各国ごとに物品名が指定されていた。日本からは馬、鎧《よろい》、腰刀、硫黄などであり、琉球国の場合は、馬、硫黄のほかに木香、丁香《ちょうこう》、胡椒など東南アジア産の香料があった。暹羅国は象、象牙、犀角、孔雀尾などで貢物はそれぞれの国の特産品が定められていたのである。朝貢品の献上にたいする明皇帝からの返礼としての給賜、すなわち下賜品は主に高級な絹織物のほかに、他国から献上された朝貢品のなかから、その国で産しない物を下賜されていた。書籍も重要な下賜品であった。日本の場合、永楽年間には絹織物のほかに、金銀、古器、書画などが下賜されている。

寧波の乱

このような平穏な朝貢による関係をくずしたきっかけの一つが、日本の朝貢船による騒動である。それは寧波の乱とか、明州の乱や寧波争貢《そうこう》事件とか呼称されている。この事件の発端は、一五二三年に、日本から戦国期の西国大名の雄であった大内義興《おおうちよしおき》▲が後援して、謙道宗設《けんどうそうせつ》を正使とする遣明船が派遣されたのにもかかわらず、少し遅れて守護大名の細川高国《たかくに》▲の後援による正使鸞岡瑞佐《らんこうずいさ》そして副使に宋素卿《そうそけい》▲からなる遣明船も派遣されたことによる。寧波への到着が大内船より遅れた細川船の宋素卿は扱いを有利にしようと明官憲に賄賂を送り細川船の扱いを優遇させたのであった。これに怒った謙道宗設は細川船側と争うことになるが、明官憲は細川側に武器を与え援助したのである。しかし謙道宗設は鸞岡瑞佐を殺害し、宋素卿は追われ明官憲に拿捕《だほ》された。当時この事件は「宗設の変」と呼ばれた。逮捕された宋素卿の供述から、宋素卿は寧波の人で、かつて事件を起こして日本へ逃れた人物であることが判明した。

　日本側がほぼ同時期に二組の遣明船を派遣したのには日本の国内事情があった。その最大の原因は足利幕府が弱体化していて、遣明船を派遣するだけの経済力をもちえていなかったためである。嘉靖年間の前の正徳年間に日本に与えられていた新勘合符をえた大内義興は援助して遣明船を派遣した。しかし、大内氏に遅れを取った細川高国は、正徳年間より前に日本に与えられていた古い勘合符をえて遣明船を派遣したのである。このようなことから寧波で同時期に日本からの二組の遣明船が先着を争ったのである。明朝はこのときの日本からの入貢を認めず、二組の遣明船を帰国させた。宋素卿は嘉靖四年に明で獄死し

▼**細川高国**（一四八四〜一五三一）　官領細川政元の養子。一五〇八年に官領となり、二五年まで室町幕府の実権を握っていた。

▼**宋素卿**（?〜一五二五）　浙江寧波の人。一四九六年に日本にわたり、のちに細川政元の知遇をえて細川船の使者として一五〇九年に明にいたる。

山崎石塁（勘次ヶ城） 長崎県富江町（五島福江島）、海賊の築城とみられる石塁。

ている。そして明朝も浙江市舶司を廃止したのである。

この事件以降、日本側も幾度か朝貢を試みるがしばらく明朝から拒絶され、一五四〇、四九年の二度の遣明船派遣のみで明朝との関係が途絶する。そして、明朝と日本の関係は、明朝が厳禁した私貿易が横行することになる。

明代の海賊と倭寇

明代の沿海地域を襲撃した倭寇・海賊の記録はほぼ明代全時代をつうじて見ることができる。とりわけ倭寇の襲撃記録を見るかぎり、明初の倭寇は朝鮮半島から中国大陸華北沿海地区を主に襲撃目標にしており、明代後半の嘉靖期以降は江蘇、浙江省から南下して福建、広東を襲撃する記録として知られる。倭寇と海賊とは相互に連携していたとみられる記録がしばしば残されている。

嘉靖時期に倭寇・海賊が興起した理由としては、『世宗実録』嘉靖三十五（一五五六）年四月甲午（六日）の条によると、一つは王直（五〇頁参照）や毛海峰などが海禁政策が厳しいため暴利をえることができず、海賊集団を率いて襲撃していること。もう一つは日本国内の飢饉のため米価が騰貴して人々が飢えに苦しみ略奪が横行しているが、しかし日本の統治者はそのことを認識していないと分析している。この分析が指摘するように、沿海地区の中国人民衆の海上貿易、海外貿易にかんするニーズの高まりが呼応していたことも確かである。

倭寇、海賊の出現は日本においては室町幕府第十三代将軍、足利義輝《あしかがよしてる》▲の時代で、室町幕府の権威は地に落ち、戦国大名が各地に割拠した状況を反映しているといえる。またこの時期の倭寇と海賊とを明確に区別することは困難であるといえる。これまで「北虜南倭《ほくりょなんわ》」として知られる歴史用語は、日本史の側から、また日中関係史の視点から南倭、倭寇が研究されてきた結果によるものである。しかし上述のように明代の海賊も倭寇と不可分の関係にあるため、倭寇研究も少なくとも「東アジア海域史」「環シナ海海域史」研究の視点から再構築する必要があろう。

▼**足利義輝**（在位一五四六〜六五）室町幕府十三代将軍。十二代将軍義晴の長男。応仁の乱後の足利幕府の実権が失墜した時期に父を継いで将軍職につくが、父義晴は管領細川高国に、義輝も管領細川氏、さらには三好氏、松永氏の勢力の増大時期にあったため、名ばかりの征夷大将軍であった。

倭寇の出没地

明代の浙江人の記した記録から倭寇をみてみたい。浙江仁和の人、張瀚《ちょうかん》（一五一〇〜九三）の『松窗夢語《しょうそうぼうご》』東倭紀によれば、海中の諸外国のなかで倭がもっとも強勢である。……わが明の洪武の初め、倭奴がしばしば海上を略奪し、山東、直隷《ちょくれい》、浙東、福建の沿海郡邑を寇略した。呉の張士誠《ちょうしせい》が寧波、紹興、杭州、蘇州、松江、通州、泰州を根拠地として、また方国珍は温州、台州などのところを根拠地とした。すべて海上にあった。張も方もすでに滅びたが諸賊の強豪の者はすべて航海して、島倭を集めて入寇した。

とあるように、明初の倭寇は十四世紀中葉の元末明初の政治混乱の時期にあって、江蘇・浙江沿海地区で勢力を保持し明朝建国者朱元璋と対峙した張士誠▲や浙江沿海地区で勢力を有した方国珍▲などの海上勢力と結びつき、張士誠、方国珍が滅びたあとはその残党と結びついて沿海地区を攻略していたのであった。

『松窗夢語』はさらに、明代中期の正統(一四三六〜四九)、弘治(一四八八〜一五〇五)年間に倭寇の攻略を指摘している。「正統、弘治間においてしばしば入寇し、嘉靖初めに倭国にて内乱があり、諸国が朝貢を争い、たまたま寧波に行って、殺人事件に発展したため、明は朝貢を許可せず帰国させた」とあり、正統、弘治の倭寇に続いて、嘉靖二(一五二三)年に寧波の乱を引き起こしたこ

▼**張士誠**(一三二一〜六七)　元末の群雄の一人で、現在の江蘇省泰州県の出身。長江河口付近の江蘇省から浙江省にわたる領域を支配した。現在の蘇州に都をおいて大周国、その後は呉国と称したが、朱元璋との戦いに敗れ国とともに滅亡する。

▼**方国珍**(一三一九〜七四)　現在の浙江省黄岩県の出身で、塩の販売をおこなっていた。一三四八年に海賊の乱に乗じて元朝に対抗するが、逆に元朝の官吏に任じられた。朱元璋には服従したり抵抗したり、反復を繰り返し自己勢力の保全をはかった。

●—**普陀山紫竹院**（浙江省舟山列島）

●—**抗倭石刻**（普陀山紫竹院）「嘉靖癸丑季秋、副使李文進、参将愈大猷、都司劉思至、督兵滅倭于此」

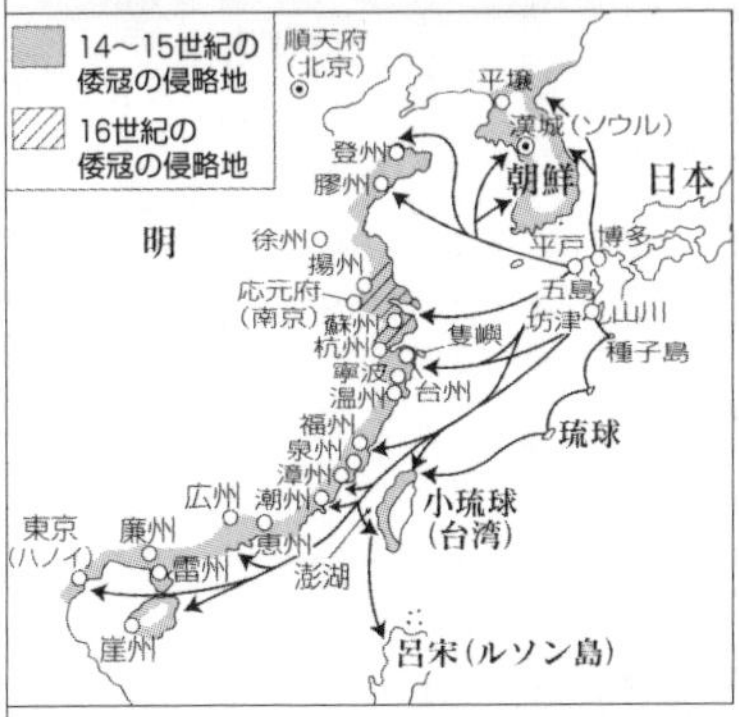

●—**倭寇の侵略地**

●—**定海港**（浙江省舟山市）

倭寇蘇州の襲撃　倭寇による蘇州攻撃の状況を描いた復元図（蘇州楓橋）。

とが、嘉靖時期の倭寇を誘発した最大の原因としたのである。

浙江省は地理的に日本に近く、古くから交渉があった。日本からの航路の関係からも倭寇の襲撃が多かった。万暦『温州府志《おんしゅうふし》』兵戎志《へいじゅうし》、海防《かいぼう》、「入寇海道」の条にその根拠をつぎのように記している。

日本は大海中にあって、東南には琉球・呂宋《ルソン》諸国が、西北には月氏・朝鮮諸国がある。倭夷が本国から船を出すときは、東北からの風があるときはかならず薩摩洲《さつましゅう》、あるいは五島よりして、大小琉球にいたる。そこで風向きを見て、北風が多ければ山東を襲い、東南の風が多ければ福建を襲う、東北の風が多ければ菲山《ひざん》・大陳《だいちん》・積穀《せきたく》……、そして温州を襲い、あるいは烏紗門《うしゃもん》・普陀《ふだ》に進み、舟山《しゅうざん》・定海《ていかい》を犯す。あるいは菲山をへて、象山・昌国・台州を襲うのである。……だいたい倭船のくるのはつねに清明節《せいめいせつ》のあとである。その東北の風が多いときは、五月を過ぎると風は南からくるため倭にとって不利となる。重陽節《ちょうようせつ》のあとの風は、また東北の風がある。もし十月を過ぎてからの風が西北に吹くことが多い場合も倭にとって不利となるからである。

温州港(浙江省温州市)

とあるように、日本から帆船で東北風が多く吹けば、その風を受けて薩摩、長崎県の五島からただちに浙江省中部沿海地区に到達する航路となった。その際の目標が寧波府の象山県東部の海上に位置する菲山列島であった。そこから沿海にそって南下すれば温州が襲撃地となり、北上すれば舟山列島が襲撃地となるとみられたのである。襲撃の時期は旧暦の清明節《せいめいせつ》(陽暦の四月上旬)から五月までの一、二カ月と、重陽節すなわち旧暦の九月九日から一カ月弱のあいだがその時期であった。浙江省においては嘉靖三十年代以降倭寇の襲撃が顕著であった。

この時期の倭寇はどのような人々によって構成されていたのであろうか。『松窗夢語』には、倭寇の構成人について「その後、福建や浙江、江南、広東の人はみな倭奴に従い、しかしたいていは華人が占めている。倭奴はわずかに一〇のうち一、二であり、彼らは中国の貿易の利益をむさぼっている。あるいは朝貢船につき、あるいは商船により、彼らは賊船においてだいたいみんな窮乏している」とある。倭寇の構成員はすべて日本人ではないとしている。

さらに、嘉靖『太平県志《たいへいけんし》』には「浙江省中部沿海に位置する太平県では、沿

厦門、高崎の木材ジャンク

海の防備として軍備が一カ所、守禦所三カ所があって、その防備の主要な目的は倭寇の襲撃に備えるためであった。嘉靖年間前にあって、沿海を襲う海寇はほとんどが倭寇であった。ところが、嘉靖年間になると太平県沿海を襲撃する海寇とは漳州《しょうしゅう》の海賊であった」とされる。漳州とは福建省南部の沿海に隣接する地であり、その海港がのちの厦門《アモイ》である。太平県にとって漳州人の海寇が最大の敵であって、倭人はそれに関係していないと見られた。さらに難敵は漳州の海賊とそれに率いられた人々であった。その構成人の多くは福建や浙江の商人であったことを明確に叙述している。

何喬遠《かきょうえん》の崇禎四(一六三一)年序の『閩書《びんしょ》』巻六九、武軍志の兪大猷《ゆたいゆう》の伝には「わが中国人の王直、毛烈は亡命して海に逃れ、倭寇の先立ちとして道案内をした」とあるように、後述の海賊とも深い関係にあった。倭寇と呼称された海賊集団も明代後期にあってはかならずしも日本人で構成されていたのではなかった。大部分は江蘇、浙江、福建、広東沿海居住の民衆であったのである。

中国人の配下にはいったか、または率先したかは別として海賊行為をおこなった日本人の例として、一五六三年に日本に来航したポルトガルのキリスト

教宣教師ルイス・フロイスは、

かの薩摩国は非常に山地が多く、したがって、もともと貧困で食料品の補給を(他国)に頼っており、この困窮を免れるために、そこで人々は多年にわたり八幡《バハン》と称せられるある種の職業に従事している。すなわち人々はシナの沿岸とか諸地域へ強盗や掠奪を働きに出向くのであり、その目的で、大きくはないが能力に応じて多数の船を用意している。(『フロイス日本史6 豊後編I』中央公論社、七二頁)

と指摘している。フロイスはこの"Bafan"八幡を「海賊」と解釈している。

嘉靖の大倭寇といわれる倭寇の終息の一因は、豊臣秀吉が一五八八(天正十六)年に発布した「賊船の停止」であろう。「秀吉、諸国ノ地頭、代官ニ命ジテ、船頭、猟師ノ、重ネテ、海賊ヲ行フコトヲ禁ジ、誓紙ヲ徴ス」とされる布告が日本側の海賊行為の禁止に効果があったとされる。

▼ルイス・フロイス(一五三二〜一六〇〇) ポルトガル人のイエズス会士で来日した宣教師。一五六三年に来日し有馬領など各地で布教し、翌年上洛し織田信長、豊臣秀吉らと親しくする。彼は文筆に優れ一五八三年以来没するまで多くの報告や書簡を書き、とくに『日本史』が有名であったが、一九八〇年代にやっと日本語で全訳が刊行された。

明代の中国人海賊の実態

明代の海賊にはどのような出自のものが多かったのであろうか。とくに沿海

倭寇像（長崎県福江島富江町）

部の民衆が重税にたえられなくなり海上や海外に活路を求めたのであろうか。また当時の明朝の政治体制からはみだした失職官吏などの不平分子であったろうか。さらには沿海部のとくにどの地域、例えば福建省の商人などが関与していたのであろうか。その実態について明朝のもっとも基本史料である『明実録』の記載を中心に列記してみることにする。

『明実録』の『太祖実録』洪武二十四（一三九一）年八月癸酉《きゆう》（十九日）の条には、海盗の張阿馬《ちょうあば》が倭夷を引き連れて入寇したが、官軍がこれを撃斬した。張阿馬とは浙江省台州府下の黄巌県《こうげんけん》の無頼の者であって、つねに倭国に出入し、その他の群党を引き入れて海辺を剽掠《ひょうりゃく》し、辺海の人々はとてもこれを憂えたと記されている。この海盗の張阿馬こそが明代において知られる最初の海賊であろう。彼は実録に記されるように、浙江省台州府下の無頼の輩《やから》であった。張阿馬が配下に用いていたのは明らかに日本人の海賊集団であったと思われる。それは張阿馬がつねに日本との関係を保持していたとされるからである。明側のいう倭寇と中国人の海賊が深く結びついていたといえる実例である。

一四〇七年には旧港（パレンバン）の海賊陳祖義《ちんそぎ》が、西洋諸国に派遣された太監鄭和に護送されてきた。生け捕りにされた陳祖義は京師に送られて死刑に処せられた。陳祖義は南海を荒しまわった中国海賊であった。

一四四九年、福建の海賊陳万寧《ちんばんねい》が広東の東北沿海部にある潮陽《ちょうよう》県を攻めている。陳万寧は福建南部沿海や潮州などの人々を誘って船に乗り海賊行為をおこなっていたのであった。

崇明島の海盗施天常

長江河口の崇明島《すうめいとう》では藍などをはじめとする畑作中心の農作物の生産と、それらの作物を蘇州の近郊とのあいだで交易するのが主要な産業であったが、長江にはさまれた沙州であるこの地は、その地理的状況から豊富に海鹽《かいえん》▲(塩)を産した。崇明島に人々が住みはじめたころから塩の生産はおこなわれていた。一二二二年に天賜場とされ浙西方面から生産者を呼び寄せ煎塩をおこない、本格的に塩の生産をさせ課税の対象となったとされる。

このため崇明島は私塩を密売する者も少なくなかった。明の一六一二年にはこれらの船舶を取り締まるための鹽快《えんかい》という船舶を設置している。長江沿いの

▼**海鹽**　中国で産出する塩には大きくいって四種あるとされる。海水から採取する海塩は、沿海地域で採取されるが、とくに長江河口以北の両淮塩が有名。池塩は塩分濃度の濃い塩水の湖から採取されるもので山西省南西部の解州が有名。井塩は塩分濃度の濃い地下水を汲み上げ塩を採取するもので四川省の自貢市が有名。さらに地表や地中から採取する岩塩があり西北地域でみられる。

崇明島地図（『大清一統地図』による）

奸民が崇明島人などと密かにはかり塩を積載し崇明島域外に赴き販売することを厳禁するために取締りの船舶として鹽快と警備の兵を新設したのであった。このことからも崇明島からの私塩の搬出は普遍的におこなわれていたと考えられる。また康熙《こうき》『崇明県志』によると、崇明島は土地がやせており農業に適せず、漁業による活動が活発で大型船が一〇〇〇艘あまりも海上で活動していたとされ、盗賊の襲撃の多い地として日々備えを欠かせない状況であった。以上のように崇明島には海盗を輩出する地理的状況が備わっていたといえる。

崇明島付近の半洋沙《はんようさ》、馬腰沙《ばようさ》を根拠地として一五〇二年ころから沿海地域を襲撃する海賊も記録に残っている。この崇明島の施天泰《してんたい》と兄の施天佩《はい》が私塩を江南において密売し、ときとして沿海地域を襲撃し、略奪行為もおこなっていた。それを仇敵の董企《とうき》が知県の劉才《りゅうさい》に報告したため、劉才が配下を引き連れ捕《ほ》縛《ばく》に赴くが、施天佩らが迎え撃ち劉才らの舟を焼き、撃退した。劉才はかろうじて逃げたのであった。さらに施天佩らは薫企の家宅を襲撃し放火した。これにたいして捕盗監察御史《かんさつぎょし》が施天佩に投降を求め、施天佩は投降し獄死した。しかし弟の施天泰の略奪は続いた。その後、董企がその一党とともに施天泰を襲撃するが董側の被害が大きく、董企が太倉州《たいそうしゅう》の獄にとらわれ、施天泰は董企に復讐ができなくなった。官憲が施天泰を捕縛しようとしたが、太倉州城下に潜伏し、船舶を焼き討ちした。そこで官憲側が施天泰に投降を求め、施天泰が降伏した。

施天泰は投降したが、さらにその一族と思われる施天常《じょう》がその反乱を継続している。施天常の勢力は官憲から重視され、いかに平定するかについて正徳帝に指示をあおぎ、兵部がその処置を命じられている。さらに崇明島半沙の崇明県半洋沙の海賊施天傑《けつ》と鈕西山《ちゅうせいざん》が官憲に投降した記録もある。施天傑、施天常、鈕西山などは海上の要害を利用して一〇〇〇人以上の人間を集め武器を装備し、官憲に抵抗し略奪行為をおこなっており、沿海の住民も保護を求めたが、官憲もなすすべがなかった。しかし巡撫《じゅんぶ》蘇松《そしょう》右副都御史《ゆうふくとぎょし》艾璞《がいぼく》の命により懸賞金をかけて施天常らを追跡したところ、施天常が妻とともに投降し、その党の施天傑、鈕西山など三六八名も投降し、拿捕《だほ》したとされる。

崇明島における施天常の反乱を平定したあとの崇明島の統治について、艾璞らが一五〇六年に予防政策を上奏した。その要点は、(1)崇明島の統治にかんして浙江捕盗僉事では管轄が広いため兵備副使一員を添設し太倉州に常駐させること、⑵半洋沙・東沙口に巡検司を設けること、⑶対岸の江陰《こういん》県の防備を堅守にすること、⑷崇明島を海門県の配下に含めること、⑸崇明島民の所有船舶にかんしては大型船の禁止と小型船舶の航行を認めるが、航行範囲は長江の上流域は鎮江まで、東海域は嘉興までとすること、⑹崇明島に居住する人々は所在の地での戸籍を登録させる、等々の六項目にわたる予防策が施行されることになった。崇明島における反乱の萌芽を根絶させるためのものであった。

この反乱平定後の崇明島の居住民は遠洋航行を禁止され、近海の捕魚や採薪などの運搬や、崇明島でつくられる蒜などの崇明島産品による近距離交易にとどめられ、崇明島居住民の拠り所である海洋活動を大きく制限されることになるのである。

王直の登場

ポルトガル人によって鉄砲が日本に伝来したとされる時期の記録として貴重な史料に『鉄砲記《てっぽうき》』がある。その記録のなかに九州南東部の大隅半島の南に位置する種子島《たねがしま》に大型船が来着したときのようすが描かれている。それは天文癸《き》卯《ぼう》すなわち天文十二(一五四三)年、明の嘉靖二十二年のことであった。一〇〇名あまりが乗船していたが、しかし当地の人から見てその服装もはじめて見るものばかり、言葉もつうじなかったが、乗船者のなかの中国人の儒生《じゅせい》、名は五《ご》峯《ほう》という姓が不詳の人物が、砂上において筆談して乗船者が南蛮の商人らであることが判明したのであった。

五峯の名は、遣明使の使節となって二度も中国にわたった策彦周良《さくげんしゅうりょう》▲の記録にもみえる。策彦周良が入明の際に所望したがはたさず帰国した、中峰明本《ちゅうほうめいほん》の筆跡を、帰国の翌年に、明国人五峯が大内義隆《よしたか》に献上し、そして義隆が策彦周良に下賜したことが知られる。五峯が献上した相手大内義隆(一五〇七～五一)こそ、当時日本の有力な西国大名であった大内義興《よしおき》の長男で、彼自身もその地位を継承し、山口を中心に華やかな文化を誇った人物であり、五峯はそのような人物とも関係が深かった。策彦は天文六(嘉靖十六、一五三七)年に大内義隆の発起する遣明使の副使として、天文十六(嘉靖二十六、一五四七)年には正使として入明しているが、その策彦が「五峯先生」と敬称を用いた明人五峯とは

▼**策彦周良**(一五〇一～七九)　十八歳以後は天龍寺で修行し、一五三七年には遣明副使に、四七年に同正使として中国にわたる。その際の重要な記録として『初度集』『再度集』がある。

杭州銭塘第一井　江南において古くからある井戸は六角形のものが多い。長崎県の平戸、福江の六角形の井戸との関係が知られる。

いかなる人物であろうか。

五峯は朝鮮の記録にも登場する。『李朝実録』の『明宗実録』巻二〇、明宗十一（嘉靖三十五、弘治二、一五五六）年四月己丑朔《きちゅうさく》日（一日）の条にみえ、その内容は倭人が反乱行為を起こすという情報を入手した対馬《つしま》島主が朝鮮朝廷に報告したものである。反乱を起こそうという倭人は、四州、五幸山《ごこうざん》などの民衆であるが、この情報は弘治二（嘉靖三十五、一五五六）年の正月に九州の博多でえた情報であり、その情報源として下関の赤間関や九州薩摩の人々があがっている。反乱の主謀者のなかには中国人もおり、彼は五峯と名乗り倭人を率いて明国を襲撃すると称していると記されている。五峯は平戸にいて三〇〇人の乗船者を要する大型船を率い、つねに緞子《どんす》を着ている裕豪な人物であり、二〇〇〇名もの配下がいたとされる。彼は中国の官憲に追われ日本に逃れてきて、最初は貿易をしていたが、のちに海賊集団に加わり海賊となったと記録にある。

以上のように、日本の記録や朝鮮国の記録に、いずれも日本に来航していた明人五峯なる人物が極めて勢力をもった人物として登場するのである。

●—王直居宅跡（長崎県平戸市）

●—六角井戸（長崎県平戸市）

●—福江港（五島、長崎県福江市）

●—明人堂（長崎県福江市）
中国人が道祖神を祀るための聖廟であったとされる。

●—六角井戸（長崎県福江市）
飲料用水のために井戸枠を六角形に板石で囲んだ井戸である。このような六角井戸は長崎県下にいくつか見られるが、いずれも港町で中国と交易があった地とされている。

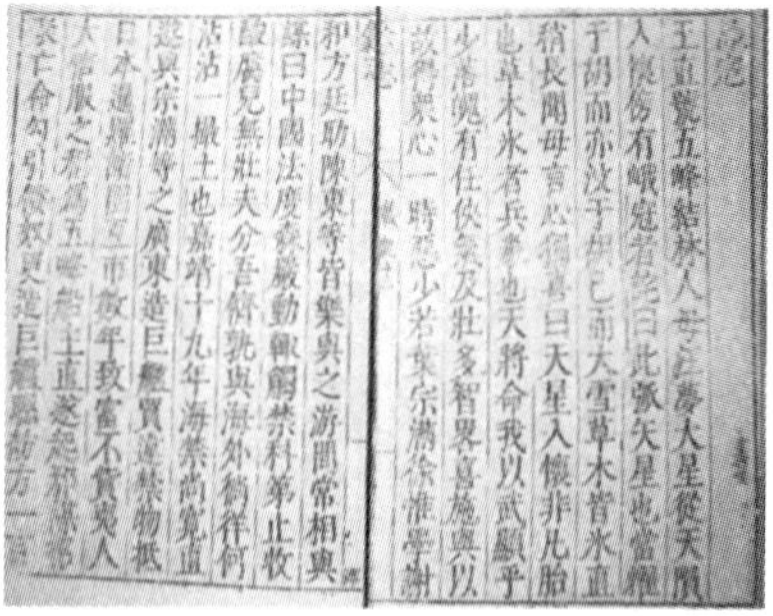

王直の史料（万暦『歙志』載記一二、島寇）

中国側の記録にみられる王直

五峯は中国の史料にもみられる。明代の広東・広西の軍事関係の書として重要な『蒼梧総督軍門志《そうごそうとくぐんもんし》』に、「王五峯、即王直」とある。また倭寇関係の重要な史料である『日本一鑑窮河話海《にほんいっかんきゅうがわかい》』にも、王直にかんして五峯とも称し、海外に進出し、のちに倭寇の頭目と知られるようになったことが記されている。

さらに王直にかんする重要史料は『世宗実録』で、嘉靖三十六（一五五七）年十一月乙卯（六日）の条にみられる。それは浙江総督であった胡宗憲《こそうけん》の罠にはまった王直が拿捕された際の記録である。王直は徽州《きしゅう》の大商人であって、海上に進出し貿易をおこなっていた。とくに海外諸国の商人たちには信頼され、汪五峯《おうごほう》と号していたことが知られる。

いろいろな中国側の記録から王直の活動をたどってみよう。王直は歙県《きゅうけん》（今の安徽省黄山市）の出身で、彼の母親が汪氏であった。若いころから何人かの仲間と海外に進出していた。明朝の海禁政策がやや緩和される一五四〇年に葉宗満らと広東に赴き、同地で大型海船を造船し、硫黄や真綿などの当時輸出禁止であった貨物を積載して日本や暹羅（シャム）などの海外諸国に貿易に赴いた。

安徽省歙県の民居

この大型海船は嘉靖の大倭寇の際のものとみられるが、船長が一二〇歩とされ、二〇〇〇人以上の人を収容することができたとされる巨船であった。明代の一里が三六〇歩で約五六〇メートルとするならば一二〇歩はその三分の一にあたり船体の全長が約一九〇メートルの船舶であったことになる。

このような活動を五、六年続けるうちに、巨額の富を蓄財して外国人からおおいに信頼され、こののち王直は五峯船主と呼称されるようになった。

王直が「倭の経紀」であり、その主要な業務が「質契《しちけい》」であったという記録もいくつかの資料に載っている。明朝の海禁下にあって福建人の李光頭《りこうとう》や安徽の歙《きゅう》人《ひと》許棟《きょとう》らも、その主要な経済基盤が「司其質契」とされた。「質契」は手形や証券に類する業務の契約を主な業務としており、海商にとっても必要で重要な仕事であった。また「経紀」とは明代後半、士農工商のほかに牙儈《がかい》と呼ばれた仲買人で、彼らは官憲から営業許可書を給付されていた。魚や塩、穀物類などの売買や車馬や船を雇うに際しても経紀の手をへなければならなかった。

明朝は、経紀に官許の帳簿を備えさせ取引相手を詳細に記録させることで、中国国内の経紀が、密貿易商人とのあいだで違法な取引をおこなわせないようにしたのであろう。つまり経紀という業務は、日本の貿易商と中国の貿易商（この場合密貿易商になるが）両者のあいだにあって交易の円滑化をはかって利をえていたことは想像に難くない。

海商から海賊へ

ところで、王直が海外貿易に乗り出した一五四〇年から五、六年は、明朝からみて密貿易であったものの王直にとっては順調な状況であったと思われる。それは彼の密貿易を脅かす者がほとんどいなかったためである。ところが、それを覆す事態が生じることになる。それは海禁政策を励行し、沿海の密貿易を厳しく取り締まった朱紈《しゅがん》の登場である。

『明史』によれば、朱紈は一五四七年に浙江巡撫に任命されている。まさしく王直が嘉靖十九年に海外貿易に進出した年から七年後のことで、王直にとって順調な海外貿易業務を脅かし大きな衝撃を与えた人物といえる。

朱紈にとっても王直は最初の仇敵の一人であったことは確かである。『世宗実録』嘉靖二十八（一五四九）年七月壬申（五日）の条につぎのような内容が記されている。

沿海地区の海寇問題はすべて中国内地の問題と関係すると断定した朱紈にとって、その問題の原因は王直や徐海らの奸商が引き起こし、彼らが中国の物産をみだりに海外にもたらし外国商人らと交易しているとした。その中国側関係者が浙江省の餘姚《よよう》の謝氏としたのである。王直らと餘姚の謝氏とのあいだの関係は、最初は順調であったが、謝氏がしだいに海商らの商品の値段をさげてきたため、海商とのあいだに不都合が生じたのであろう。それに嫌悪感をいだいた謝氏が彼らを官憲に密告しようとした。これに恨みをいだいた海商らが外国商人らと結託して謝氏の自宅に夜襲をかけ男女数人を殺害し、略奪行為をおこなった。この襲撃を恐れた餘姚県の官吏が上級機関に倭寇の襲撃と報告したため、浙江巡撫の朱紈より犯人捕縛の命がくだされたのであった。この奏によるかぎり、王直らの行為は明朝治下にあっては違法な密貿易であったものの、人命に損傷を与え略奪を主たる目的とする海賊ではなかったことが知られる。それが餘姚の謝氏との関係を境に密貿易商から略奪をともなった海寇集団へと変質していったのである。

万暦『歙志《きゅうし》』載記一三にも「拠居薩摩洲、僭號曰京、自称曰徽王」とあり、王直が占拠していた地が薩摩洲とされ文字どおり解釈すれば薩摩洲は現在の鹿児島県に該当する。それを「京」といい、自らを「徽王」と呼んでいたとされる。王直は日本人や中国人の無頼の衆を集め徽王と称して海賊集団を形成していったのであった。

南海貿易の拡大

隆慶《りゅうけい》(一五六七〜七二年)初年に福建巡撫の塗澤民《とたくみん》が倭寇の元凶とされる日本を除く東南アジア諸国との海外貿易を求めると、海禁政策は緩和され、海外貿易は盛んとなった。とくに十六世紀後半から十七世紀の初めにかけて東南アジア方面に進出した中国の船舶数は、一五六七年ころには五〇艘であったものが、八九年には八八艘、九二年に一〇〇艘、九七年には一三七艘にも増加している。その後、一六一二年に福建からだけで一年に四〇艘にのぼっている。一六二八年には四三艘が記録されている。このように毎年数十艘の中国商船が東南アジア方面へ進出していたのである。

福建を中心とする沿海の中国商人の航行地は、フィリピンのルソン島からモルッカ諸島、インドネシア群島、マレー半島などにある港市で、それらの地をめざして貿易に赴いている。そして、いわゆる大航海時代をむかえたヨーロッパ諸国の貿易船とこれらの島嶼《とうしょ》部の港市で出会うことになる。当時有名な港市の一つジャワ島の東部にあるバンタム(下港)は、来航する中国船がもたらす生糸や絹織物などの、中国産品の輸入を目的としたオランダ・イギリス船が来航していたことで知られている。一六二三年には福建の海商が毎年のように、現在のタイのマレー半島東部沿海にあった大泥(パタニ)国やインドネシアのジャワなどに貿易に行っていた。海商の潘秀《はんしゅう》は大泥国でオランダ人に出会い、台湾の西部にある澎湖島《ほうことう》での交易を勧めている。このためオランダ人は澎湖島で中国人と交易をおこなおうとしたが明朝から拒絶されている。

林道乾と林鳳

一五五二年以降から七三年ころまでの時期は、倭寇と海賊とが沿海各地を縦横に攻略していた。その海賊の一人が林道乾《りんどうかん》である。『神宗実録《しんそうじつろく》』万暦三(一五七五)年五月癸巳(十四日)に、海賊林道乾が両広《りょうこう》侍郎《じろう》殷正茂《いんせいぼ》によって追われているとある。その後もしばしば、林道乾の名は『神宗実録』にみえ、『神宗実録』万暦八(一五八〇)年閏四月壬子(十四日)の条に「海賊林道乾は、海島中にかくれすみ、出没しては災いを起こし、将士も追いつめることができず、しかも大泥(パタニ)や暹羅(シャム)を隠れ家としている」とみえる。林道乾はシャム湾までも活動領域とする海賊となっていたのである。

大泥はマレー半島の中部東岸にあり、海賊、海寇の根拠地となっていた。『明史』によれば「海澄の人李錦《りきん》および奸商《かんしょう》の潘秀《はんしゅう》や郭震《かくしん》が久しく大泥に居住している」と記されているように、福建の海澄県出身の李錦らも大泥に居住していたのである。

林道乾と並び称せられる海賊に林鳳《りんぽう》がいる。一五七五年、海寇の林鳳が広東省の入江にはいってきたので、総督《そうとく》兵部《へいぶ》左侍郎《さじろう》兼《けん》都察院《とさついん》右僉都御史《ゆうせんとぎょし》の凌雲翼《りょううんよく》が攻撃している。林鳳は数千の民衆を擁して海上を徘徊し、官憲に追われると呂宋(ルソン島)に逃げたのであった。林鳳もしばしば『神宗実録』にその名がみえ広賊、劇賊などと呼称されていた。この林鳳がゴンサレース・デ・メンドー

1565(嘉靖44)年	広東の海寇呉平が400艘あまりの船団を率いて広東北東沿海部や福建沿海部を襲撃していたが，官軍に追撃され安南まで逃亡。呉平軍の水死した者は数知れず，生け捕りにされた者は398人を数えた。
1568(隆慶2)年	このころ広東省，福建省沿海を襲撃した有名な海賊に広東の海賊曾一本がいる。
1570(隆慶4)年	このころ平定された海寇林容は，海寇呉平の残党であって，曾一本の残党許瑞とともに福建，広東沿海部を襲撃していた。
1574(万暦2)年	広東の海賊林鳳が官憲に追われ台湾近海を逃げまわる。林鳳はさらにフィリピンに逃れている。
1575(万暦3)年	海寇林道乾が福建沿海を襲撃。
1576(万暦4)年	海賊馬志善と李成が明にくだる。馬志善と李成とは林鳳の配下にあったが、林鳳が海外に逃れたため明に降伏した。彼らはその仲間などを1712名連れており，そのうち海賊の仲間が男女566名いた。海賊に捕獲されていた男女324名は釈放されたが，船舶，器材などはすべて官に没収された。
1622(天啓2)年	このころ海賊林辛老が福建や広東沿海部で活動していた。

●―十六世紀後半〜十七世紀前半の海賊の活動

●―明代の東アジア

▲サの『シナ大王国誌』中にみえる「チナ国の海賊リマホン」であることはすでに藤田豊八によって明らかにされている。同書には、「チナ国の海賊リマホンが大船隊をひきい、悪事を働く目的でフィリピナス諸島に来襲した」とあり、さらに、リマホンの生い立ちまでもつぎのように記している。

この海賊はクイタム〔広東〕省のトルチェオ〔潮《ちょう》州か〕市で、中流の家庭に生まれた。親たちはかれの幼少時代を悪事と放縦な環境の中で育てた。このために、それにまた生来かれは粗暴で不品行な性格であったから、職業をなにひとつ身につけようともしなかった。そして路上で追剥《おいはぎ》を働くようになり、めきめきと腕前を発揮したので、たくさんの手下どもが集まって来て、かれはその首領に祭り上げられ、省一円を横行して恐れられるようになった。このことは国王とその内閣の知るところとなり、国王はこの海賊が横行している省のビレイ〔福建巡撫〕に命じて、できるかぎり早急に辺境警備の兵を集め、リマホンを逮捕することにつとめ、タイビン市〔北京〕に護送するか、もしそれがかなわぬときは、海賊の首を送ってよこすようにといいつけた。（ゴンサーレス・デ・メンドーサ『シナ大王国誌』岩波書店、

▼**ゴンサレース・デ・メンドーサ**（一五四五〜一六一八）　スペイン人のアウグスティノ会修道士。メキシコにわたり軍人として働くうちに同会に入会した。一五七四年に本国にもどり、八一年に国王フェリペ二世の中国皇帝宛の書簡と贈物をたずさえメキシコにわたるが、反対に会い八二年にヨーロッパにもどり、『シナ大王国誌』を出版する。その後、シチリア島、メキシコ、コロンビアで司教となり一六一八年に没する。

（二五五～二五六頁）

と、リマホンすなわち林鳳逮捕の命が神宗万暦帝から出されたと記している。

李旦・顔思斉・劉香・鄭芝龍

十七世紀の初期において東シナ海海域を舞台に活動した、海商とも海賊ともいわれた中国人に、李旦《りたん》・顔思斉《がんしせい》がいる。

一六二五年に福建巡撫であった南居益《なんきょえき》が、海上の民は海を田地のようにして、富める者は商人となって東西洋に活動していること、さらに福建や浙江や江南の人のなかには日本に赴き居住している者が数千人にもおよび、日本人と結婚して家族を設け、町を形成して「唐市」とも呼ばれていること、また中国と日本を往来する船は「唐船」とも呼ばれ、この船は中国産品を日本にもたらし貿易しているが取締りが困難であることを報告している。南居益はその報告のなかで、日本へ赴き居住している一人として福建の泉州の人である李旦の名をあげている。

李旦は江戸幕府初期の中国人の優遇策により平戸に居住していた。オランダ

台湾、淡水の紅毛城

ゼーランディア（安平城）跡（台南）

史料や平戸のイギリス商館長日記などに、シナカピタン、カピタン・チナまたアンドレア・ディッチスなどと呼ばれ一六一四年ころから毎年のように台湾や交趾などに船を出し貿易していたことが記されている。オランダ史料のバタヴィア城日誌一六二五年の記事には「シナカピタンは資本金約三万テールを中国に有し」、長崎奉行や数人の日本商人と生糸や中国貨物によって貿易をおこなっていたとある（『バタヴィア日誌』）。彼は一六二五年の夏に平戸で死亡したといわれる。

　またこの李旦の配下とされる顔思斉は、福建の漳州府海澄県の出身とされ身体勇壮で武芸につうじていた人物であった。官憲とのあいだに問題を生じ、逃れて日本に行き日本と台湾との密貿易をおこなっていた。顔思斉（『明実録』では顔枢泉《しゅせん》とある）が死ぬとその勢力を引き継いだのが後述の鄭芝龍《ていしりゅう》である。

　一六二九年ころに活動した海盗に李芝奇《りしき》がいる。彼は鄭芝龍と同じ仲間であったが、仲違いして別行動をとっていた。

　一六三二年には数千人の配下を擁し、船を一七〇艘も保有する船団をかまえていた福建の海寇劉香老《りゅうこうろう》が知られる。彼は「一〇〇〇艘と万人」を擁するとい

海澄港（明代の月港、福建省漳州）

われていた。『バタヴィア日誌』にはヤングラウの名で記され、一六三二年には小型ジャンクであるが六〇艘ないし七〇艘を保有し兵力を増強し、福建の厦門郊外を襲撃して家を焼きはらい、女性を略奪し、厦門港の最良なジャンクを奪取した海賊として登場する。

劉香は福建の漳州府海澄県の人で、沿海の無頼の徒を集め、一六三二（崇禎五）年に福建や広東の沿海、南安、同安、海澄諸県を、さらに連江県を襲撃した。翌年九月に、劉香は数千人と船一七〇艘を率いて福州閩江河口の閩安鎮を襲撃し殺戮と焼討ちを縦横無尽におこなったため省都福州の人々は恐懼《きょうく》した。また十一月には江南からの報告では、一〇〇艘の船と一万の配下を引き連れ突如浙江省の港寧波を襲撃したのち沿海一帯を襲ったとある。象山県の昌国や石浦では官軍の戦艦が焼かれ沿海の居民の被害は大きかった。たまたま北風が強かったため劉香らは退去して、南部沿海に向かい、温州を襲撃しその被害も大きいものであった。

一六三五年に、この劉香の海賊集団を壊滅させたのが福建游撃となっていた鄭芝龍である。鄭芝龍は一六二七年ころから明末清初の時期にかけて李旦や顔思斉の配下にいた。彼は海盗とも海寇とも呼称される有名な海賊であり、鄭成《ていせい》功《こう》▲の父親であることは周知のことである。

福建の南安市石井《せきせい》の人であって、弟の鄭芝虎《しこ》、鄭芝豹《しひょう》とともに広東《カントン》に行き、母の舅である黄程《こうてい》が行商をしていた香山澳《こうざんおう》にとどまっていた。黄程が日本に貿易に行くのにともない鄭芝龍も日本へ行き、そこで顔思斉と知り合うことになる。顔思斉が台湾へ行くにあたり鄭芝龍兄弟はともに台湾にわたった。その後顔思斉が死ぬと、鄭芝龍がその首領に推された。彼は海上の制海権を保有し、航行する商船に通行書を発行して、各商船には海上航行の安全を保証していた。その収入は巨額であったとされる。

天啓六(一六二六)年三月鄭芝龍は船団を組織し漳浦を、同年四月には海澄県を、崇禎元(一六二八)年には厦門を襲撃したが、同安知県、海澄知県の連合軍に大敗した。そして、その年の九月に鄭芝龍は明にくだり、防海遊撃の位を授けられ、劉香らをはじめとする海賊の平定に尽力した。

▼**鄭成功**(一六二四〜六二)　鄭芝龍(現在の福建省南安市石井鎮に生誕)は来日し、平戸の田川氏の娘とのあいだに鄭成功が生まれた。本名は鄭森であるが、明朝崩壊後の明の末裔の諸王に協力して明朝の復興に尽力したため、明の姓朱と名成功をもらい朱成功と称したが、一般には国姓爺とか鄭成功と呼ばれる。近松門左衛門の『国性(姓)爺合戦』では和藤内の名で登場する。のちに父鄭芝龍は清朝にくだるが、成功は終生明朝を奉じ、一六六一年には台湾にわたりオランダ勢力を駆逐した。

鄭成功の墓(福建省泉州南安市)

④―清代以降の海商と海賊

清代の海上貿易

清代の海外貿易の特徴は、明代に比べ各沿海商人によって交易対象国が固定化していくことである。中国商人は相手国のニーズに相応した中国産品を多量に積載して海をわたった。

一八二四年にシンガポールに到看した厦門《アモイ》からの中国商船の積荷は、三三二種類の陶磁器が約六六万個、床タイルが一万個、笠石《かさいし》が二〇〇個、紙傘が一万五〇〇〇本、その他菓子類、乾物類、絹製品、タバコ、塩漬け野菜、木綿、茶などであったのにたいして、同時期に日本の長崎に来航した中国商船の積荷は反物、砂糖類、薬剤などでほぼ占められていた。シンガポールの場合は、主に同地に居住する華僑《かきょう》▲にたいしての物資、建築資材や日常の食器、食料品、嗜好品で、輸入がとまれば同地の華僑にとって生活に支障が生じたことは明白なものであったが、日本の場合はいわゆる舶来品、贅沢品に属している。

明代は不定期的だった交易は、清代になると定期的、恒常的におこなわれる

清代の東アジア

▼華僑　中国から海外に渡航して移住しまたは在留している中国人や中国系人をいうが、十九世紀末ころから使用された言葉である。「僑」には仮住まいの意味があり、最近では「華人」を含め「華僑・華人」と呼称される例がふえている。

ようになった。そのことがまた、海難で東南アジア各地に漂着した日本人が遠路帰国できたことの背景になっている。つまり、南シナ海等々の島嶼《とうしょ》部には中国商船がしばしば来航していたので、その中国本土への帰港に際して漂流日本人が乗船し、入港した港から日本への貿易船が出港する港まで送られた。ここから日本への商船に乗船して帰国することが可能な、中国商人による大きなネットワークが完成していたのである。

　そのネットワークは海外貿易だけでなく、沿海貿易網としても整っていった。大陸沿海では渤海《ぼっかい》・黄海、東海(東シナ海)、台湾海峡、南海(南シナ海)などの海洋上において、北の天津・山東の帆船、上海付近の沙船、寧波《ニンポー》の寧船、福建の鳥船《ちょうせん》▲などが航行して、物資の流通を中心として活動した。

　そしてさらに、上記の沿岸活動と海外貿易がリンクする港が存在した。対日本貿易を専門とした浙江省の乍浦《さほ》は典型的な例である。日本に輸入された中国産の砂糖は福建南部か、広東省東南部の潮州などで生産されたが、江戸時代の前半はこれらの地から長崎に直接来航することがあった。中期以降、乍浦が対日の基地になると、砂糖は乍浦へ沿海貿易船で集荷され、そこから対日専門の

清代の台湾船の模型(台北、長栄海運文物展示中心)　江戸時代に長崎に来航していた台湾からの商船を復元している。長栄海運会社はエバー・グリーンの名で知られる世界的な海運会社で、海事資料も積極的に収集されている。

▼**鳥船**　明代末から福建の沿海部を中心に開発された海洋航行の帆船。清代になるとしだいに大型化したものが使われ、江戸時代の十九世紀後半に長崎貿易のために来航した鳥船は多くの貨物のほか、乗員一〇〇余名を積載していた。海上に浮かぶ姿が海上で休む鳥の姿に似ているところから呼ばれたようである。

貿易船で輸出されていた。

海商張元隆船襲撃事件

何人かの清代の有名な海商と海賊の例をあげていこう。

康熙四十九（一七一〇）年閏七月十九日、上海県の船戸張元隆《ちょうげんりゅう》の申し立てによれば、彼は自己所有の貿易沙船一艘を保有していた。この船は上海県が発行した牌照《はいしょう》を受け、同年六月初六日に各商人から出資された布疋や磁器を積載した。この積荷の価値は数万金であった。同船は海関《かいかん》▲で納税したあと、貿易のため遼東へ向けて出港した。六月十九日に山東半島東端にあたる文登県治下の馬《ば》嶋嘴《とうし》地方にいたったところ海賊船の鳥船二艘に遭遇した。張元隆の船を見つけた海賊船は急ぎ帆を揚げ、接近してきた。

張元隆の船は、このときは幸運にも携帯していた砲筒二門を連発したため海賊船は接近することがなかった。たがいに対峙すること二昼夜におよんだ。二十一日になって、張元隆の船は、接岸して政府のパトロール船の応援を求めれば、海賊船を恐れるに足りないと考えていたところ、意外なことに海賊船の鳥

▼海関　清朝は一六八三年に台湾の鄭氏を平定するとまもなく、江南（江蘇）省は江海関、浙江省は浙海関、福建省は閩（福建の別名）海関、広東省は粤（広東の別名）海関を設けて船舶の出入を管理した。江海関と浙海関は主に国内船、閩海関は国内船以外に沖縄からの琉球国の船舶を、粤海関は国内船以外に欧米の船舶ならびに東南アジアからの船舶の入港をあつかった。各海関には二〇～三〇あまりの口岸と呼ばれる支所があり、それらによって中国沿海部をカバーした。十九世紀後半には外国人の税務官が関与する海関が生まれ、それは便宜上洋関と呼ばれ、上記の海関は常関と呼ばれ区別された。

▼**牙行**　中国の古代からある商業組織で、売手と買手の仲立ちをして商業取引を円滑に進める機能をもつ商人である。司馬遷の『史記』平準書以来いくつかの名称で呼ばれるが、のちにはあつかう商品によって、米穀を取り扱う米行、木材は木行などのように呼ばれた。広東において欧米の船舶を担当した広東公行も牙行の一種である。

船は三艘にふえていたのである。しかも政府の見張り所には一兵の防備もなく、客商や水手だけでは敵にかなうわけもなく、急ぎボートに乗って岸に逃げ延びるのが精一杯であった。海賊らは張元隆の船に乗り込んで貨物を奪っただけでなく砲筒二門も奪い去り、船に火をつけて焼きはらったため、なにも残らなかった。同地の陸路守備隊の馮守備《ふうしゅび》、雷千総《らいせんそう》、張把総《ちょうはそう》は術もなく目撃するのみで、船で追跡することもできなかった。

これは上海県の貿易船の船主であり、かつ牙行《がこう》▲である張元隆が山東半島近海で海賊に襲われたと申し立てた話である。しかし、張元隆は張洋行という名の洋貨行を開き、海船を一〇〇艘も造船させており、当時でも数十艘を保有していた海商である。それらの船には異郷の水手を募集し、彼らには偽名で戸籍をいつわらせ、海関の牌照や県牌などを手に入れて貿易と称して東西二洋や関東方面まで航行していた。張元隆船に乗船する異郷の舵手や水手の多くは福建省出身で、海賊の大半は福建人であった。張元隆船のもともとの申し立てでは貨物を奪われ船を焼かれたといっているが、張元隆が福建人を多用し、さらに上海近郊の華亭県の戸籍だといつわる意図はどこにあるのか。じつは張元隆はただ者ではなかったのである。上海県で彼は多くの人を集め、東西両洋、南北各省において非道をおこない、それは長年におよんでいた。張元隆が没したのちも、これに結託する人々は極めて多かったとみられる。

厦門の富豪林興

道光八(一八二八)年に、ある厦門人の富豪がいた。名は林興《りんこう》といい金や玉を蓄え財宝が満ちあふれ、有名であった。しかしこの栄華も永遠ではなかった。連年の艱難に遭い、万貨を積載した船舶が遭難し沈没したため、多くの負債をかかえることになったのである。そのころに上海の知人から書状が届き、この窮地を脱することになる。それによれば銀三〇〇〇両が届き、この金をもってシンガポールへ赴き、胡椒、燕窩《えんか》(うみつばめの巣)や荳蔲《とうこう》(にくずく)や丁香などの貨物を購入してほしいというもので、かつての林興の厚意にたいする謝意であった。そこで林興は早速シンガポールに赴いて貨物を買うことになり三カ月滞在し、八〇〇両の利益をえた。

お祝いに駆けつけた友人のなかの一人梁がいうには、南洋に赴けば大きな利

厦門港

益がえられる。南洋は土地が広いが人は少なく、水田を耕作する者も少数で、性格は純朴であり中国人を尊重し貿易も容易である。南方は木材資源が豊富で、材木の質も中国のものよりも良く、値段も安い。大きな木材でも当地では十数両であるが、中国では一〇〇〇両にもなる。また穀物も豊富で廉価であり、南海貿易によって中国国内にもたらされる利益ははかりしれない、と。このように南海貿易の有用性を論じたことが『東西洋考毎月統記伝』戊戌(一八三八年)二月「貿易」に記されており、厦門海商にとって南海貿易の利益がいかに大きなものであったかが具体的に知られる事例であろう。

上海の海商郁松年の蔵書

清代において長江河口の上海を中心に、とくに大陸沿海の遼東、華北沿海地域との航運を支配していたのが沙船船主であった。各船主は数艘から数十艘の沙船と呼称される帆船を所有し、東北地域や山東の穀物類を江南にもたらし、江南産の綿花や日常雑貨、茶葉などを北方地域に海上輸送していた。

　その船主のなかでも数十艘の沙船を所有していた一家に上海の郁家《いくけ》がある。

郁家は清代の道光年間には六〇～七〇艘の沙船を所有していたことが知られる。この時期の郁家の松年《しょうねん》は、船主であるとともに宋元時代の貴重な版本の蔵書家としても有名であった。

郁松年は書籍好きで、数十万巻の蔵書を所有していた。その蔵書のなかには元、明以来散逸していた書籍を探し出して復刻し刊行した『宜稼堂叢書《ぎかどうそうしょ》』もあった。郁松年泰峰《たいほう》の購書のようすは、『清稗類鈔《せいはいるいしょう》』七二、鑑賞類の「郁泰峰蔵書於宜稼堂」によれば、豊かな財源をもって、宋代に刊行されず抄本のままであった原稿を刊行し、またすでに刊行されたが散逸した典籍を収集したとある。そのためには金銭を借しまなかったとされる。またそのあとにも、元刊本の『玉海《ぎょくかい》』を揚州の塩商から六〇〇両で購入したことが伝えられている。揚州の塩商といえば、清代において財産家を意味する。このような高額の書籍の購入が可能であったのは、郁松年の父潤桂《じゅんけい》が数十艘の沙船を所有する船舶経営者で巨万の富を築いていたことによる。

一八五八年の天津条約によって東北沿海部の港牛荘《ぎゅうそう》が対外開放され、外国汽船の入港が可能となった。しかし、これら外国汽船による華北、東北産の豆

清代の天津港（復元図）

類の上海方面への輸送を禁止する「豆禁《とうきん》」があり、長江河口の沙船にのみ豆類の輸送が許されていた。ところが、同治元（一八六二）年にその「豆禁」が解除されたことから、沙船業は大打撃をこうむったのである。郁氏の沙船経営も大きな打撃を受けたと思われる。同年ころに郁松年がなくなり、郁松年の蔵書も散逸の危機に瀕した。宋元の重要書籍は丁日昌《ていにっしょう》の持静斎《じせいさい》にはいり、その他のものは有名な蔵書家であった陸心源の蔵書となった。その数約四万八〇〇〇余冊といわれている。陸氏の蔵書はその後、東京の静嘉堂文庫《せいかどうぶんこ》に所蔵された。したがって、郁松年が収集した蔵書の一部は現在も静嘉堂文庫のなかに所蔵されている。

清代に活躍した中国帆船

このように、清代において清以前の中国の歴史にみられないような海上活動が活発化した。とくに沿海の航運活動と、海外の航運活動が一体化した状況がみられ、大きなネットワークが中国大陸のほとんどの海域に展開していたのである。これらの海域で航運において活躍したのが中国帆船であった。当時の船

長崎版画「唐船入津の図」 江戸時代後期に長崎へ来航した中国商船の絵。船式は鳥船。

舶の構造様式から、北方の天津を中心とする衛船、江南の上海を拠点とし北の海域で活躍した沙船、浙江省の寧波から北の海域を得意とする寧船、福建省を中心に外洋を得意とし全海域で活動した鳥船などと呼称される沿海・遠洋航行船が活躍した。その一部が日本の長崎にも来航し、長崎を訪れた人々の記念の写真や「絵はがき」がわりに利用された「長崎版画」にもその姿をとどめることになったのである。

このような帆船を利用した海上活動が活発化すると、その商業活動に参画できない人々のなかには非合法的な海上活動をおこなう者もあらわれ、海賊が出現したのであった。海賊の根拠地、巣窟とする海域は、浙江省では舟山列島から温州にかけての沿海島嶼部、福建から広東省の沿海にかけての島嶼部であり、その活動海域は中国大陸の沿海全域におよんでいた。清代をつうじてさまざまな海賊の名前が知られるが、もっとも著名なものは嘉慶期に出現した福建省同安県出身の蔡牽《さいけん》であった。彼は、清朝政府を悩ませた反乱分子に成長し、台湾占拠を企て、あたかも海上帝国を出現させたのであった。

厦門、コロンス島の鄭成功像

清代海賊の活動

上述のように、頻繁に海上を航行する船舶をだれが指をくわえてながめていたであろうか。当然、宝を満載した商船をねらう者がいたはずである。清初において、清朝に反抗する鄭成功《ていせいこう》などの政治勢力はすべて海賊とされた。しかし、このような勢力を別にしても海盗、洋盗と呼称された海賊たちがいた。

雍正元(一七二三)年には洋盗は広東、福建が多く、江南、浙江がこれにつぎ、広東では北東沿岸の潮州や中部沿海の恵州が海賊の多発地とされた。江南、浙江省などの沿海で海賊船の多く集まる地は、江南の盡山《じんさん》や花鳥洋面と、浙江省に属する下八山《かはちざん》や洋衢山《ようくざん》が接する所であり、現在の杭州湾口と東シナ海が接するあたりに点在する島々で、江蘇、浙江両省の省境に位置して官憲の目の届きにくい所であった。

高其倬《こうきたく》の雍正六(一七二八)年四月二十一日付の雍正帝への報告書によれば、「南澳《なんおう》地方はもっとも重要であり、広東、福建の洋盗が出入する門口であり、この地を厳密に調べ海賊船の喉元を押さえ、さらに海賊のアジトを調べることができる」とある。南澳諸島は複雑な島嶼部から構成されているため官憲から

乍浦港（浙江省嘉興市平湖）

逃れやすい所であった。

乾隆時代末期になると海上を荒しまわった海賊として頻繁に記録に登場するのは、「洋盗」である。

> 近来の洋盗の多くはすべて海島に集まった人々がはなはだ多く、浙江、広東で捕獲された王岷山、王馬盛らの犯人を調査したところ彼らの本籍地は福建にある。現在各地の海島にて短時間に調査しにくいのである。しかし、福建省の漳州や泉州地方は盗犯の出没するところであり、法をつくって禁止すべきである。（『乾隆上諭檔』第一五冊、二九頁）

とされ、乾隆五十四（一七八九）年ころには洋盗と呼称された海賊が、浙江から広東におよぶ海域を中心に出没していたことが知られる。

乾隆五十六（一七九一）年四月七日付の上諭には、盛京省の錦州《きんしゅう》などの地方の海域に盗匪《とうひ》が出現し、それらは福建人であったとみられた。錦州や蓋州《がいしゅう》などの海上での略奪の被害は相当な額にのぼっており、その海賊は福建省を本籍地として、錦州や蓋州一帯において手引きする者がいると推測されていた。このように、東北地方の沿海である渤海沿海でも海賊が出没していた。遠因に福建商人の沿海活動が指摘されている。

乾隆五十六年三月二日付の上諭によれば、浙江省と福建省一帯の海上には盗匪が出没して、商船を襲うのみならず、巡視していた水軍のパトロール船である哨船《しょうせん》を襲撃している。これら海賊たちはすべて沿海地区の人々で、彼らの習性は素早く荒々しく、地方官が心を配って改心させたり導いたりすることなどできず、ついに悪者となって、平気で法を犯す人間になったのであるとされた海賊であった。水軍は本来海賊の討伐が重要な任務の要件であり、その功績も大きかったが、水軍のなかには海賊に兵器などを横流しする者もいたようである。

さきにもふれたように海賊集団の構成員の出身地に風土的特徴が知られる。また乾隆五十六年三月十八日付の上諭にも、浙江の哨船が捕獲した夥盗《かとう》の高造ら四名と福建の盗首の林啓と夥盗の陳秋らの二八名のほかに、洋盗は二〇余名の多きにのぼったとある。この上諭の記事からも明らかなように、盗首、夥盗などと呼称された海賊がいた。このことは、海賊の首領を「盗首」と呼び、その配下の者を仲間を意味する「夥」をつけて「夥盗」と呼ぶような、地位の序

福建省莆田市湄洲島（媽祖廟）

列が海賊集団に形成されていたことがわかる。

福建の海賊

琉球は明初以来より中国に朝貢していた。朝貢のルートは、明初は沖縄の那覇より福建省の泉州に来航していたが、その後は福州に来航することになる。那覇から福建省までの海上が海賊から襲撃される危険性が極めて高かった。明代には倭寇の襲撃を受け、清代には海賊に襲われている。

台湾海峡を航行する琉球の朝貢船は中国の海賊たちにとって宝の山であったことは確かである。署閩浙総督覚羅《かくら》長麟《ちょうりん》と署福建巡撫魁倫《かいりん》による乾隆六十（一七九五）年九月初七日付の奏摺《そうしょう》によると「琉球国貨船」を襲撃した張初郎《ちょうしょろう》は福建の沿海で長年盗首として商人たちからその名を知られ、海盗仲間はその指揮のもとにあることが多かったといわれる。張初郎は福建省の漳浦県の出身で、子どものころに家族を失い孤独な生活をし、乾隆五十四（一七八九）年に海賊となった。その後、乾隆五十七（一七九二）年までしばしば海賊行為をおこなっていたが、乾隆五十七年には烈嶼《れっしょ》、南澳海域で三回、また虎頭洋《ことうよう》では盗首の呉作

泉州、東石より見る金門島

に従って何万斤の豆類を積載した商船を襲撃した。乾隆五十八(一七九三)年には南澳宮仔前《きゅうしぜん》などの海域で二回、客船を襲撃した。乾隆五十九(一七九四)年には漁船を二回、客船を二回、商船を一回襲っている。乾隆六十年五月二十一日に、張初郎は林発枝《りんはつし》と一緒になってすべてで三〇あまりの船団を形成して、浙江省の政府米輸送の船舶を襲撃して三〇余袋を強奪する等々の海賊行為をおこなっている。

清代の嘉慶時期をつうじて有名なのは海盗蔡牽《さいけん》である。蔡牽は乾隆五十九(一七九四)年ころから海賊行為をおこない、さまざまな商船を餌食にしていた。『清実録《しんじつろく》』の『仁宗実録《じんそうじつろく》』巻二一七、嘉慶十四(一八〇九)年八月壬辰(四日)の条によれば、海賊は航行する商船に「打単《だたん》」と呼称された一種の通行書を購入させ、それを保持する商船の海上航行は保証したが、保持しない商船の航行は認めず、襲撃していた。その打単の売却が海賊の収入源であった。

『仁宗実録』巻一〇八、嘉慶八(一八〇三)年二月の条によると、福建省の海賊は会匪《かいひ》と関係が深く、港を出港する商船からは外国銀で四〇〇元、帰国する商船からはその三倍を徴収していたのであり、それをおさめれば無事であるが、

林則徐像（福建省福州、林則徐紀念館）

おさめなければ命ともどもすべてを失うこととなったのである。そのおさめられた費用はすべて蔡牽の手中にはいった。他方、蔡牽らと結びついたとされた会匪・天地会《てんちかい》と称する秘密結社には、役所の下役たちの多くがそれに入会しており、どうすることもできない状態であった。嘉慶帝は、蔡牽と、さらにそれと結ぶ会匪を捕縛するために、大小の寺院や、遊興船やアヘン窟などを捜索せよと命じている。ここにみられる天地会の創設には諸説があるが、この当時、官吏のあいだで認識された一説につぎのものがある。

嘉慶四（一七九九）年十月二十九日の福建巡撫《じゅんぶ》汪志伊《おうしい》の奏摺《そうしょう》によると、乾隆二十六（一七六一）年に福建の厦門・泉州付近の匪徒が暴動を起こし、その後、乾隆五十九（一七九四）年の秋の災害によって、天地会の構成員による非行、盗賊行為がおこなわれるようになった。これも蔡牽の集団と関係があったとみなされたのである。このように蔡牽が清朝政府にたいして反抗する反清闘争にいたったのは嘉慶七（一八〇二）年以降のことである。その後、彼が清海軍の攻撃の前に戦死する嘉慶十四（一八〇九）年八月まで、台湾海峡を中心に活動を続け清朝政府を悩ませたのであった。『仁宗実録』巻二一八、嘉慶十四年九月己巳《きし》

マカオの媽祖閣

（十二日）の条に、「諭張師誠等奏、殲除海洋積年首逆蔡牽、将逆船二百余犯、全数撃沈落海、並生擒助悪各夥党一摺」とあり、蔡牽集団の壊滅を記録している。蔡牽のあとに勢力を張ったのが張保《ちょうほ》である。

海賊鄭一《ていいっ》の妻石氏《せきし》は夫鄭一の死後、欧米人からチン夫人として恐れられた海賊であった。そのもとで頭角をあらわしたのが張保である。張保は澳門《マカオ》の北西にある広東省の新会江門《しんかいこうもん》の漁師の子どもであった。十五歳のときに父親に従って漁をしていたところ、海賊鄭一に捕まり、その配下に加えられることになる。張保は聡明でまもなく頭角をあらわし、鄭一集団の一頭目となったのである。嘉慶十二（一八〇七）年十二月に台風のために鄭一が溺死すると、その妻石氏がその配下を支配することになって、石氏は鄭一嫂《ていいっそう》と呼ばれた。張保は石氏に忠実に仕え、その命に従った。張保は、配下にたいして勝手な行動を厳しく取り締まり統率がとれた海賊集団を組織した。安南や東京からもどってくる商船を張保が襲撃したため張保の勢力はますます強くなったのである。

澳門で刊行された『鏡海叢報《きょうかいそうほう》』第二年一四号、光緒二十年九月二十六日（一八九四年十月二十四日）付の「屛翰新猷《へいかんしんゆう》」によれば、福建省同安県の東咀港《とうしょうこう》に

マカオ、媽祖閣の刻石舟

隣接する官尋《かんじん》・潘塗《はんと》・瓊頭《けいとう》などの郷は有名な海賊の隠れ家とされ、当地の人々は海賊行為を生業とし、六本の帆柱または八本の帆柱をもつ快船によって船舶を襲撃していたが、光緒二十(一八九四)年ころには、彼らは海賊行為をやめて南海貿易をおこなう海商に転身していた。しかし官尋郷の民衆はなお海賊行為を継続しているとある。この記事から、海賊から海を股にかけて商業活動をおこなう海商に変身した例もあったことがわかる。

二十世紀の海賊

大正六(一九一七)年に台湾総督府民生部警察本署がまとめた『臺湾ト南支那トノ関係及現在ノ施設並将来ノ方針』の第一章第三節「海賊取締ト南支那トノ関係」によれば、中国南部沿海地域に活動する海賊について、台湾海峡をはじめ台湾近海に出没し船舶を襲撃し住民を脅かす凶暴な行為をおこなっているとある。海賊が出没する時期は季節風を利用するため夏季であって、毎年の六月より九月までのあいだに台湾の沿海を航行する船舶や台湾と大陸とを往来する船舶を襲撃している。そしてその海賊の出身地として福建省沿海の「蕭禧《しょうき》、湄《び》

マカオを離れるジャンク　アメリカの画家ジョージ・チナリ(一七七四〜一八五二)が描いた水彩画。

州、大鳥亀《だいちょうき》、小鳥亀《しょうちょうき》、南日島《なんにちとう》地方を根拠とする者」がもっとも凶暴であると報告された。日本統治下の台湾においても海賊の出没に苦慮していたことが知られる。

さらに同書に、明治三十一(一八九八)年より大正五(一九一六)年までのあいだに台湾海峡などで海賊に襲撃された商船の被害事例が四一例みられる。もっとも古い例は、明治三十一年六月六日の事件であるが、台湾籍の順萬益《じゅんまんえき》号が海賊に襲撃された。航行中に突然停船を命ぜられ、海賊が同船に乗り移り、一名殺害され二名重傷のほかに玄米一九〇石と雑品数点が略奪された。大正四(一九一五)年六月二十四日の台湾籍の新日発号の場合は、海賊に襲撃され積んでいた「玄米百二十七俵、衣袴三十点、大縄五本錠一個、帆三枚、現金二円四十銭、見積価格六百五十円余」を略奪された。この船を襲撃した海賊船は三本マストのジャンク型帆船で、上部が朱色、下部が白色で塗装された約三〇〇石積の船であった。大正五(一九一六)年九月三日に、台湾籍の金蓮美《きんれんび》号は中国大陸近海で海賊船三艘に襲われ、積載貨物である木材が当時の価格にして一一六七円九八銭相当のほかに、船員の衣類など四〇二円相当額と、さらに船とその付

一九三一年の海外渡航書（泉州華僑博物館）

属品の二七一六円五〇銭相当額が略奪されている。

このような海賊の被害は、近年でもみられる。一九八四年八月に東マレーシアのサバ州（北ボルネオ）からフィリピンに向かっていた船が三人組の海賊に襲撃され、子どもを含むフィリピン人の男女三三人が殺された。一九八五年九月には、サバ州東部の港町ラハッダトに小銃などで武装した海賊一五名が上陸し、地元の銀行や航空会社の支店が襲撃され、銀行従業員や住民一〇名が殺害されている。

海賊が出没するのは北ボルネオ沿海だけではない。マレーシアとインドネシアとのあいだにあるマラッカ海峡とその周辺でも海賊に襲撃されている。とりわけ同海峡の南東部は水路が狭く、そこに連なるシンガポール海峡でもしばしば海賊に襲撃された。ここでの海賊襲撃の手口は、夜間に、高速ボートを使って航行中の船舶に近づいて、船尾からロープに結びつけている手かぎ（フック）を船の手すりに引っかけて船体をよじ登って船に進入している。そして山刀やナイフなどの武器をもって、一般乗組員の個室から離れたところにある、船用金庫が設置されている船長室をねらうような方法である。高速ボート以外にはエンジンつきカヌーや、武器にはさらに鉄棒、カービン銃やピストル、また弓矢の例などがある。最近ではマラッカ海峡の海賊はロケット砲やライフルなどで武装しているといわれている。

一九九二年七月二十二日に東南アジア諸国連合外相会議が採択した「南シナ海にかんする宣言」のなかに、「この地域に直接利害のある国々が、航海と通信の安全、海洋汚染の防止、救難活動や海賊行為、麻薬密輸の取締りの協力について、主権と領有権にかんする主張の違いをこえて、南シナ海での協力の可能性を探るとの決意を表明する」と「海賊行為」の取締りが明確にうたわれているように、海賊行為は決して歴史的な過去の問題ではなく、今なお今日的問題の一つであり、解決に多国間の国際協力を必要とする問題なのである。

中国の海商と海賊の問題について述べたが、これらをつうじていえることは、中国史の研究ではこれまであまり取り上げられることの少なかった沿海や外洋などの海との係わりについて、中国民衆は多くの足跡を残してきたことである。

中国大陸の沿海部に位置する、北から遼寧省、河北省、天津市、山東省、江蘇省、上海市、浙江省、福建省、広東省、広西壮族自治区、海南省は、海洋との係わりを無視しては歴史が語れない。現在も、今後の経済発展も、海洋との関係が極めて緊密である。そしてこれらに隣接する内陸の各省もなんらかの影響を受け、また与えてきた。沿海地域の経済活動の一端を担ってきたのは海商たちであり、彼らが海外からもたらす富が中国の経済発展に寄与した。中国海商が海外から持ち帰ったのは香料や銀や米や乾物海産物などであった。逆に彼らが海外の国々にもたらしたものには、生糸、絹織物、陶磁器、漢方薬剤、茶葉やさまざまな日用品があり、それらを渇望していた国々も多い。これら中国海商の活動にたいして被害を与え、ときには寄生していたのが海賊であり、時の政府に大きな打撃を与えた海賊もあった。その意味でも、中国史を考える視点として海洋との係わりを無視することができないといえるであろう。

参考文献

石原道博『明末清初日本乞師の研究』冨山房　一九四五年
石原道博『国姓爺』（人物叢書22）吉川弘文館　一九五九年
石原道博「鄭芝龍集団の軍事的基盤」『軍事史学』通巻三号　一九六五年
石原道博『倭寇』吉川弘文館　一九九六年再版
岩生成一「明末日本僑寓支那人甲必丹李旦考」『東洋学報』第二三巻第二号　一九三六年
岩生成一「明末日本僑寓シナ貿易商一官アウグスチン李国助の活動」『東洋学報』第六六巻第一～四号　一九八五年
太田弘毅『倭寇——商業・軍事史的研究』春風社　二〇〇二年
川勝平太「海洋史観の船出」『月刊　機』（藤原書店）五五号　一九九五年
広州市文物考古研究所編『広州文物考古集　広州秦漢造船遺址論稿専輯』広州出版社　二〇〇一年
小葉田淳『中世日支通交貿易史の研究』刀江書院　一九四一年
佐伯富『雅俗漢語訳解』同朋舎　一九七六年　八五頁
坂井隆『港市国家バンテンと陶磁貿易』同成社　二〇〇二年
佐久間重男『日明関係史の研究』吉川弘文館　一九九二年
斯波義信『宋代商業史研究』風間書房　一九六八年
田中健夫『倭寇——海の歴史』（歴史新書66）教育社　一九八二年

中国海外交通史研究会・福建省泉州海外交通史博物館合編『泉州海外交通史料匯編』一九八三年
陳懋恒『明代倭寇考略』北京・人民出版社　一九五七年
鄭廣南『中国海盗史』華東理工大学出版社　一九九九年
鄭樑生「中国地方志の倭寇史料」『日本歴史』第四六五号　一九八七年
鄭樑生『明代倭寇史料』第一〜五輯　文史哲出版社　一九八七〜九七年
長沼賢海『日本の海賊』（日本歴史新書）至文堂　一九五五年
『日中文化研究』第七号「特集・長江文明」勉誠社　一九九五年
福建省泉州海外交通史博物館編『泉州湾宋代海船発掘與研究』海洋出版社　一九八七年
藤本勝次訳注『シナ・インド物語』関西大学東西学術研究所　一九七六年
藤善眞澄訳注『諸蕃誌』関西大学東西学術研究所　一九九一年
松浦章「十八〜十九世紀における南西諸島漂着中国帆船より見た清代航運業の一側面」『関西大学東西学術研究所紀要』第一六輯　一九八三年
松浦章『中国の海賊』東方書店　一九九五年
松浦章「明代の倭寇と海賊」『歴史と地理』第四八九号　一九九六年
松浦章（李小林訳）「明清時代的海盗」『清史研究』第一期　一九九七年
松浦章「海盗蔡牽一族の墳墓」『関西大学博物館紀要』第三号　一九九七年
松浦章「浙江と倭寇」（藤善眞澄編『浙江と日本』関西大学出版部　一九九七年）

松浦章「清代の海上貿易と海賊」『月刊しにか』第八巻第七号　一九九七年
松浦章「徽州海商王直と日本」『栃木史学』第一三号　一九九九年
松浦章「中国帆船の航海記録」『関西大学東西学術研究所紀要』第三二輯　一九九九年
松浦章「朱印船の中国・朝鮮漂着をめぐって」『南島史学』第五五号　二〇〇〇年
松浦章「明・正徳元年崇明島の海盗施天常の乱」（藤善眞澄編『中国華東・華南地区と日本の文化交流』関西大学出版部　二〇〇一年）
松浦章「上海沙船船主郁松年の蔵書」『或問』第二号　二〇〇一年
松浦章『清代海外貿易史の研究』朋友書店　二〇〇二年
松浦章『清代臺灣海運発展史』台北・博揚文化　二〇〇二年
森克己『新訂日宋貿易の研究』国書刊行会　一九七五年
森克己『続日宋貿易の研究』国書刊行会　一九七五年
森克己『続々日宋貿易の研究』国書刊行会　一九七五年
李献璋「嘉靖年間における浙海の私商及舶主王直行蹟考（上・下）」『史学』第三四巻第一・二号　一九六一年
李領『倭寇と日麗関係史』東京大学出版会　一九九九年
林仁川『明末清初私人海上貿易』華東師範大学出版社　一九八七年

図版出典一覧

George Chinnery 1774-1852 and Other Artists of the Chinese Scene, Salem, 1967	84
高麗史	22
大清一統地図	48
『唐墓壁画真品選粋』陝西人民美術出版社 1991	15
万暦歙志	54
大村次郷	カバー表
著者撮影	扉, 6, 7, 8, 9右, 9左, 10, 11, 17, 25, 26, 27, 28, 29上, 29中, 29下, 34, 35右, 35中, 35左, 36, 38, 41上, 41中, 41下, 42, 43, 44, 46, 52, 53（5枚とも）, 55, 64右, 64左, 65, 66, 68, 72, 74, 76, 77, 79, 80, 81, 82, 83右, 83左, 85
著者提供	カバー裏, 75

世界史リブレット63

中国の海商《かいしょう》と海賊《かいぞく》

2003年12月25日　1版1刷発行
2020年9月5日　1版5刷発行

著者：松浦《まつうら》 章《あきら》

発行者：野澤伸平

装幀者：菊地信義

発行所：株式会社 山川出版社

〒101-0047　東京都千代田区内神田1-13-13
電話　03-3293-8131(営業) 8134(編集)
https://www.yamakawa.co.jp/
振替 00120-9-43993

印刷所：明和印刷株式会社

製本所：株式会社 ブロケード

ISBN978-4-634-34630-7

世界史リブレット　第Ⅰ期［全56巻］

〈すべて既刊〉

1 都市国家の誕生
2 ポリス社会に生きる
3 古代ローマの市民社会
4 マニ教とゾロアスター教
5 ヒンドゥー教とインド社会
6 秦漢帝国へのアプローチ
7 東アジア文化圏の形成
8 中国の都市空間を読む
9 科挙と官僚制
10 西域文書からみた中国史
11 内陸アジア史の展開
12 歴史世界としての東南アジア
13 東アジアの「近世」
14 アフリカ史の意味
15 イスラームのとらえ方
16 イスラームの都市世界
17 イスラームの生活と技術
18 浴場から見たイスラーム文化
19 オスマン帝国の時代
20 中世の異端者たち
21 修道院にみるヨーロッパの心
22 東欧世界の成立
23 中世ヨーロッパの都市世界
24 中世ヨーロッパの農村世界
25 海の道と東西の出会い
26 ラテンアメリカの歴史
27 宗教改革とその時代
28 ルネサンス文化と科学
29 主権国家体制の成立
30 ハプスブルク帝国
31 宮廷文化と民衆文化
32 大陸国家アメリカの展開
33 フランス革命の社会史
34 ジェントルマンと科学
35 国民国家とナショナリズム
36 植物と市民の文化
37 イスラーム世界の危機と改革
38 イギリス支配とインド社会
39 東南アジアの中国人社会
40 帝国主義と世界の一体化
41 変容する近代東アジアの国際秩序
42 アジアのナショナリズム
43 朝鮮の近代
44 日本のアジア侵略
45 バルカンの民族主義
46 世紀末とベル・エポックの文化
47 二つの世界大戦
48 大衆消費社会の登場
49 ナチズムの時代
50 歴史としての核時代
51 現代中国政治を読む
52 中東和平への道
53 世界史のなかのマイノリティ
54 国際体制の展開
55 国際経済体制の再建から多極化へ
56 南北・南南問題

世界史リブレット　第Ⅱ期［全36巻］

〈すべて既刊〉

57 歴史意識の芽生えと歴史記述の始まり
58 ヨーロッパとイスラーム世界
59 スペインのユダヤ人
60 サハラが結ぶ南北交流
61 中国史のなかの諸民族
62 オアシス国家とキャラヴァン交易
63 中国の海商と海賊
64 ヨーロッパからみた太平洋
65 太平天国にみる異文化受容
66 日本人のアジア認識
67 朝鮮からみた華夷思想
68 東アジアの儒教と礼
69 現代イスラーム思想の源流
70 中央アジアのイスラーム
71 インドのヒンドゥーとムスリム
72 東南アジアの建国神話
73 地中海世界の都市と住居
74 啓蒙都市ウィーン
75 ドイツの労働者住宅
76 イスラームの美術工芸
77 バロック美術の成立
78 ファシズムと文化
79 オスマン帝国の近代と海軍
80 ヨーロッパの傭兵
81 近代技術と社会
82 近代医学の光と影
83 東ユーラシアの生態環境史
84 東南アジアの農村社会
85 イスラーム農書の世界
86 インド社会とカースト
87 中国史のなかの家族
88 啓蒙の世紀と文明観
89 女と男と子どもの近代
90 タバコが語る世界史
91 アメリカ史のなかの人種
92 歴史のなかのソ連